长大矩形顶管下穿京杭大运河浅埋车行隧道建造关键技术

戡鸿鑫 刘跃军 刘习生 闫晓东 王厚植 著

人民交通出版社

北京

内 容 提 要

本书以大断面矩形顶管下穿京杭大运河为例，系统阐述了矩形顶管工程相关装备的设计与施工关键技术，重点介绍了矩形隧道的荷载和变形监测方案，介绍了跨平台智能交互技术在工程管理方面的应用。本书共分为5章，包括绪论、超浅埋大断面矩形管节及顶管设备设计关键技术、浅覆土高水压矩形顶管下穿京杭大运河施工关键技术、大断面浅埋矩形顶管并行下穿京杭大运河力学响应现场监测和结论。

本书可作为岩土工程技术人员和大专院校相关专业师生的参考书。

图书在版编目(CIP)数据

长大矩形顶管下穿京杭大运河浅埋车行隧道建造关键技术／戢鸿鑫等著. — 北京：人民交通出版社股份有限公司，2024. 8. — ISBN 978-7-114-19675-1

Ⅰ. U459.9

中国国家版本馆 CIP 数据核字第 2024QU1173 号

Changda Juxing Dingguan Xiachuan Jing-Hang Dayunhe Qianmai Chexing Suidao Jianzao Guanjian Jishu

书　　名：	长大矩形顶管下穿京杭大运河浅埋车行隧道建造关键技术
著　作　者：	戢鸿鑫　刘跃军　刘习生　闫晓东　王厚植
责任编辑：	丁　遥　牛家鸣　侯蓓蓓　刘　彤
责任校对：	赵媛媛　宋佳时
责任印制：	刘高彤
出版发行：	人民交通出版社
地　　址：	(100011)北京市朝阳区安定门外外馆斜街3号
网　　址：	http://www.ccpcl.com.cn
销售电话：	(010)59757973
总 经 销：	人民交通出版社发行部
经　　销：	各地新华书店
印　　刷：	北京武英文博科技有限公司
开　　本：	787×1092　1/16
印　　张：	11
字　　数：	268千
版　　次：	2024年8月　第1版
印　　次：	2024年8月　第1次印刷
书　　号：	ISBN 978-7-114-19675-1
定　　价：	80.00元

(有印刷、装订质量问题的图书，由本社负责调换)

前言

我国城市地下空间建设高速发展,隧道呈现出断面大、距离长的新态势,跨江越河等水下隧道数量也急剧增长。矩形顶管法作为城市地下交通工程领域的新技术,其空间利用率相较于传统圆形隧道提高约20%。同时,该工法还具有不影响水面通航、要求覆土厚度薄、环境影响小和综合成本低等优势,广泛应用于城市综合管廊、人行过街通道、公路和地铁隧道等地下空间建设中。矩形隧道的断面形状特征决定了其存在上方土体成拱效应差的缺点,大断面、超大断面顶管工程控制不当势必引发大面积地层塌陷,危及周围建(构)筑物的安全。因此,有必要针对复杂条件下大断面矩形顶管面临的开挖面稳定性差、管周摩阻大和防水要求高三个关键工程难题开展研究,分析顶管施工中引起的开挖地层与隧道结构力学响应特征,研究结果可为顶管结构设计优化提供切实可靠的参考,具有重要的现实意义。

中铁上海工程局集团有限公司结合苏州胥涛路对接横山路矩形顶管隧道下穿京杭大运河河床富含砂层的基本工程特点,针对矩形顶管机设备选型及功能升级关键技术、超浅埋大断面矩形顶管管节设计及预制关键技术、大断面浅埋矩形顶管并行下穿京杭大运河顶进关键技术、矩形顶管下穿京杭大运河施工关键技术和跨平台智能交互技术等开展研究,解决了大断面矩形顶管在浅覆土条件下长距离顶进施工引发的工程重难点问题,首次实现大断面矩形顶管穿越历史保护性质的京杭大运河,避免了地层变形对古河道和古城墙等世界级文物古迹的影响,有效保护了周边生态环境,促进了行业科技进步,推动了我国隧道非开挖技术的进步,经济和社会效益显著。

本书共5章。第1章首先介绍了长大矩形顶管下穿京杭大运河浅埋车行隧道建造关键技术研究的背景、意义、国内外研究现状和主要研究内容等;第2~4章分别对矩形顶管机设备选型及功能升级关键技术、超浅埋大断面矩形顶管管节设计及预制关键技术、大断面浅埋矩形顶管并行下穿京杭大运河顶进关键技术、矩形顶管下穿京杭大运河施工关键技术和跨平台智能交互技术等关键技术进行阐述;第5章对研究成果进行总结提高,为类似大断面矩形顶管施工提供参考。

  本书的撰写得到了江苏省发展和改革委员会、江苏省住房和城乡建设厅、苏州市人民政府、苏州市住房和城乡建设局、苏州市市政建设管理中心、中铁上海工程局集团华海工程有限公司、东南大学、中山大学、苏州大学、悉地(苏州)勘察设计顾问有限公司、苏州建设监理有限公司、上海建科工程咨询有限公司、江苏广泓重工设备有限公司、扬州中意水泥制品有限公司、广州金土岩土工程技术有限公司等单位的支持和帮助,在此一并表示感谢。

  由于撰写时间紧张,书中欠妥之处难免,恳请读者指正。

作者于上海
2024 年 6 月

目录

第1章 绪论 ... 1
1.1 概述 ... 1
1.2 国内外研究现状 ... 4
1.3 主要研究内容 ... 23
1.4 关键技术及创新点 ... 24

第2章 超浅埋大断面矩形管节及顶管设备设计关键技术 ... 28
2.1 引言 ... 28
2.2 管节研究现状 ... 29
2.3 大断面管节设计 ... 31
2.4 大断面管节预制 ... 38
2.5 大断面矩形顶管装备的系统改造与功能升级 ... 44
2.6 本章小结 ... 77

第3章 浅覆土高水压矩形顶管下穿京杭大运河施工关键技术 ... 79
3.1 引言 ... 79
3.2 大断面矩形顶管始发及接收技术 ... 80
3.3 大断面矩形顶管顶力计算及长距离顶进减阻关键技术 ... 91
3.4 矩形顶管掘进施工及地层变形控制技术 ... 101
3.5 跨平台智能交互技术的应用研究 ... 128

3.6 本章小结 ……………………………………………………………… 136

第4章 大断面浅埋矩形顶管并行下穿京杭大运河力学响应现场监测 …… 138

4.1 引言 …………………………………………………………………… 138
4.2 矩形顶管并行下穿京杭大运河现场监测方案 ……………………… 139
4.3 矩形顶管并行下穿京杭大运河监测结果分析 ……………………… 151
4.4 本章小结 ……………………………………………………………… 159

第5章 结论 …………………………………………………………………… 160

参考文献 ……………………………………………………………………… 165

第1章

绪论

1.1 概述

1.1.1 研究背景及意义

近年来,随着城市建设的快速发展,对城市地下空间建设的需求和要求也在不断提高。为了保证城市地面交通顺畅,在尽量减少开挖城市地表的大背景下,传统地下管道和人行通道施工技术越来越无法满足工程建设的需求,取而代之的是飞速发展的非开挖技术。在此背景下,顶管施工技术凭借其良好的适应性及对地表破坏较小的特点快速发展,被广泛应用于各种城市地下通道或隧道的建设中。

矩形顶管施工技术是在逐步成熟的圆形顶管施工技术基础上发展而来的。这种施工技术采用矩形或仿矩形截面顶管机开挖通道前方土体,并逐步顶进相同截面形式的钢筋混凝土管节而形成矩形通道。矩形顶管技术在城市市政建设中,主要应用于横穿城市道路下方的地下过街通道、横跨道路的城市地铁出入口通道和"地下共同沟"的施工。此外,相较于明挖法施工城市轨道交通过街通道,矩形顶管法具有以下独特优势:①不开挖道路,不封闭交通,不搬迁或少搬迁管线,实现城市建设和城市运行的高度和谐;②绿色环保,低噪声,无扬尘,不会影响街区景观(相对于传统过街天桥);③施工周期短,施工工期可控,可最大限度满足业主方对于工期的要求;④矩形顶管截面较高的空间利用率,可以为共同沟内各种管线的架设和维护提供便利。

矩形断面虽然有效使用面积比较大,但是矩形截面会存在应力集中问题,且矩形顶管机实现全断面切削较难,对纠偏、自转、背土、管口连接等处理要求很高。矩形顶管施工对周围土体环境的影响更大,尤其是大断面、超大断面顶管工程,其影响范围更是无法精确预测与估计,一旦土体变形位移超过限值,将会引起周围建(构)筑物变形,造成路面坍塌,对交通造成影响。因此,对复杂条件下顶管施工中管土受力进行研究,对管道受力特性和管周土体受力情况做出新的研判,可以为顶管结构设计优化提供切实可靠的参考,具有重要的现实意义。

1.1.2 胥涛路对接横山路隧道的工程背景

1.1.2.1 工程概况

本项目位于江苏省苏州市南部片区,西连高新区、东接姑苏区。隧道主线(H线)西起横山路,接地面道路桩号HK0+240,敞口段119m,隧道于HK0+510处由双孔隧道分为南北两个单孔隧道。其中:北线(N线)东至NK1+100,接现状胥涛路,隧道全长(包含H线)860m,暗埋段609m,北线东敞口段132m;南线(S线)东至SK1+198.826,接拟建枣市街,隧道全长(包含H线)940m,暗埋段691m,南线东敞口段130m。

隧道下穿京杭大运河段采用顶管方式,平面及纵断面线形均为直线,顶管横断面外尺寸9.8m×5.9m(内尺寸8.4m×4.5m),管节长度1.5m。顶管通道分为南线(后称S线)和北线(后称N线)两条穿越京杭大运河。其中S线顶管长度为215.9m,共计144节管节,坡度为1‰;N线顶管长度为154.9m,共计103节管节,坡度为1.7‰。S线河道最小覆土厚度为4.39m,N线河道最小覆土厚度为4.45m。

1.1.2.2 自然条件

(1)地形地貌

拟建场地位于苏州市高新区、姑苏区,地处长江三角洲东南、太湖水网平原中部,根据区域地质资料,第四纪以来地壳运动以沉降为主,广泛接受堆积,形成广阔单一的堆积平原,属三角洲冲积平原地貌,第四纪地层分布广、厚度大。

(2)周边环境

胥涛路对接横山路隧道工程周围主要建(构)筑物详见表1-1。

胥涛路对接横山路隧道工程周围主要建(构)建筑物　　　　表1-1

序号	建(构)筑物名称	现场照片	建(构)筑物基本状况描述
1	仁恒棠悦湾小区		位于基坑南侧,房屋高26层,房屋与基坑最小间距为41m。其基础为PHC500(125)AB-C80预应力混凝土管桩,埋深约46m
2	运河变电站		该变电站为110kV运河变电站,位于基坑南侧,与基坑最小间距为20m

续上表

序号	建(构)筑物名称	现场照片	建(构)筑物基本状况描述
3	高压线塔		高压线为东西走向,高压线塔位于基坑南侧,与基坑最小间距为4.2m,迁改后自里程HK0+400附近横跨基坑
4	京杭大运河及河道驳岸		运河为南北走向,横跨基坑,河道驳岸距离N线最近11.2m,距离S线最近11.8m。运河河道驳岸为钢筋混凝土结构重力式驳岸,其埋深约4.7m
5	垃圾转运站		位于N线北侧,距离N线1.5m。基础形式为$\phi 0.6m$的桩基,深40m

(3)地质情况

根据地质勘察报告,两条顶管通道穿越地层主要为⑤$_1$黏质粉土夹粉质黏土层及⑤$_2$粉砂层,通道在始发井附近区域少量侵入⑤$_3$砂质粉土夹粉质黏土层(穿越地质条件与元和塘顶管相似)。

1.1.2.3 工程特点

(1)超大断面矩形顶管

本隧道道路等级为城市次干路,单孔建筑限界总宽度为7.50m,通行限界高为3.50m。结合建筑及附属设施布置需求,单孔结构净宽要求不小于8.4m,结构净高不小于4.5m。故顶管工程横断面尺寸采用9.8m×5.9m(内尺寸8.4m×4.5m,管节设计长度1.5m),以符合两车道小型车专用通道的要求,属于超大型断面。

(2)长距离浅埋越河顶管隧道施工

隧道下穿京杭大运河段采用矩形顶管,分为南线(S线)和北线(N线)两次穿越京杭大运河。顶管施工下穿京杭大运河,N线顶管通道下穿京杭大运河水域长131.265m,S线顶管通道下穿京杭大运河水域长188.161m,水深1.0~4.3m。

京杭大运河为世界文化遗产,在施工过程中,应保持河床底覆土及河道驳岸不受扰动。两次顶管施工最小覆土深度分别为4.39m及4.45m,单次最大顶进长度达215.9m,为长距离浅埋顶管施工。顶管穿越地层主要为$⑤_2$粉砂层,水压较大且地层渗透性强,施工过程中要减小对河床土体的扰动,避免河床失稳,同时要防止顶管机与隧道结构上浮。

(3)顶管机始发和接收

本顶管工程施工穿越地层主要为$⑤_2$粉砂层,洞门尺寸为10.2m×6.3m,断面尺寸大,且场地地下水位较高。因此在顶管始发及接收施工过程中,如何确保洞门稳定,防止顶管机始发及接收时涌水涌砂,至关重要。

(4)矩形顶管建造车行隧道

本项目矩形顶管工程为建造市政车行隧道,在后期运营使用中,需要承受动荷载,对管节连接的稳定性、承载力及管节结构的抗浮性有极高的要求。

1.2 国内外研究现状

1.2.1 矩形顶管机的选型依据

1.2.1.1 矩形顶管机选型调研

工程团队对国内63项矩形顶管工程及其装备选型进行调研,结果显示,土压平衡式矩形顶管项目为55项,占比最高,达到了87%,泥水平衡顶管机累计8项,占比13%。由此可见,土压平衡模式是矩形顶管的主要机型。但考虑下穿运河且覆土较浅,常规的土压平衡和泥水平衡顶管机显然难以确保工程安全。

苏州位于我国东南沿海地区,根据苏州市的顶管工程经验,顶管穿越的地层多为粉质黏土层。根据上文统计的案例数据,选取出我国东南沿海地区的工程案例数据进行分析,并计算出$\frac{S_{\max} \times z_0}{b \times h}$的值,按其大小升序排列,得到表1-2;并将剩余地区的工程案例做同样处理,得到表1-3。东南沿海地区15个案例中,$\frac{S_{\max} \times z_0}{b \times h}$值小于5.1的案例占80%。因此,应使得本工程$\frac{S_{\max} \times z_0}{b \times h}$的值小于5.1。

结合土压平衡以及泥水平衡机型在扰动控制方面的差异,选择土压平衡机型更有利于上述控制指标的实现。

我国东南沿海地区工程案例数据　　　　　　　　　　　　　　　　表1-2

序号	工程名称	截面尺寸 $b(m) \times h(m)$	埋深 $z_0(m)$	最大沉降 $S_{max}(mm)$	$\dfrac{S_{max} \times z_0}{b \times h}$
1	苏州市人民路南线综合管廊顶管工程	6.9×4.2	4.1	4	0.57
2	福建省某工程矩形顶管	5.47×4.52	4.7	4.8	0.91
3	福州市工业路矩形顶管通道	9.26×9.06	4.3	21.6	1.11
4	上海市地铁13号线二期陈春东路站顶管工程连接2号出入口及3号出入口	6.9×4.2	6.7	5	1.16
5	深圳市地铁12号线新安公园站D2出入口顶管	7.7×5.4	5	16	1.92
6	徐州市轨道交通2号线一期工程文博园站4号出入口	6.0×4.0	4.5	12	2.25
7	广州市地铁车站市政过街通道	6.0×4.2	5.2	16.1	3.32
8	深圳市某地铁5号出入口	6.0×4.3	7.6	12	3.53
9	苏州市城北路综合管廊	9.1×5.5	9	20	3.6
10	上海市轨道交通L2张江高科站	6.0×4.0	7	16.5	4.81
11	深圳市地铁7号线华强北站至华新站区间通道	6.9×4.9	4	42.8	5.06
12	上海市轨道交通2号线东延伸段工程金科路站	6.9×4.2	4.9	30	5.07
13	上海市轨道交通6号线浦电路站过街出入口	6.27×4.39	7.2	39.1	10.22
14	深圳市地铁9号线下沙—上沙地下人行过街通道	7.7×4.3	7.8	80	18.85
15	南京市江东中路与江东门北街地下矩形人行通道	7.0×5.0	5	159	22.71

其余地区工程案例数据　　　　　　　　　　　　　　　　表1-3

序号	工程名称	截面尺寸 $b(m) \times h(m)$	埋深 $z_0(m)$	最大沉降 $S_{max}(mm)$	$\dfrac{S_{max} \times z_0}{b \times h}$
1	某过街通道顶管近距离上穿地铁隧道	6.92×4.92	3.5	12	1.23
2	郑州市下穿中州大道隧道工程	10.4×7.5	3.6	30	1.38
3	昆明市拓东路与环城南路交叉口地下通道	6.9×4.9	5.5	11	1.79
4	郑州市轨道交通4号线一期	9.1×5.5	10	10	2
5	南宁市轨道交通1号线一期工程南湖站	6.9×4.9	5.2	16.8	2.58

续上表

序号	工程名称	截面尺寸 $b(m) \times h(m)$	埋深 $z_0(m)$	最大沉降 $S_{max}(mm)$	$\dfrac{S_{max} \times z_0}{b \times h}$
6	内蒙古科技大学地下过街通道	6.5×4.3	3.6	29	3.74
7	武汉市地铁2号线王家墩东站4号出入口	6.0×4.0	5.9	50	12.29
8	武汉市轨道交通3号线一期总管站3、4号出入口顶管工程	6.92×4.92	15	58.58	25.81

1.2.1.2 精选案例剖析

(1)苏州市轨道交通5号线石莲街站

苏州市轨道交通5号线11标石莲街站为地下两层车站,石莲街站2号出入口通道处于主干道交叉路口,通道下穿金鸡湖大道且道路下市政管线密集,通道穿越设计采用矩形顶管法施工(图1-1)。

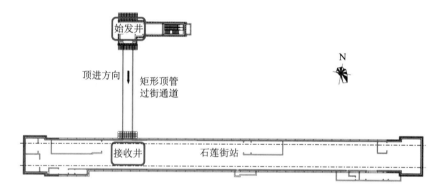

图1-1 石莲街站2号出入口顶管施工平面图

石莲街站2号出入口过街通道顶管施工顶进长度为62.8m,顶管始发接收高差为0.206m,顶管以0.5%的坡度上坡顶进。顶管穿越金鸡湖大道,覆土层厚度为4.42~5.088m。接收端头土体加固区范围内存在110kV电缆。为了对其进行原位保护,采用3排φ2000mm@1400mm MJS桩加固,加固区域为顶管掘进范围±3m。用于出入口通道的顶管结构全部采用预制矩形钢筋混凝土管节。管节混凝土强度等级为C50,抗渗等级为P8。矩形顶管外包横断面尺寸为6.9m×4.2m,净空尺寸为6m×3.3m。管壁厚0.45m,长度为1.5m,单节质量约35t。考虑工程建成后用途、主要穿越土层信息、顶管埋深以及穿越主干道的沉降控制要求,选用6.9m×4.2m多刀盘土压平衡式矩形顶管机,顶管机断面切削率大于80%。顶管机截面如图1-2所示。

(2)苏州市轨道交通5号线李公堤站

李公堤站1号出入口通道需穿越金鸡湖大道且道路下市政管线密集,通道穿越设计采用矩形顶管法施工(图1-3)。

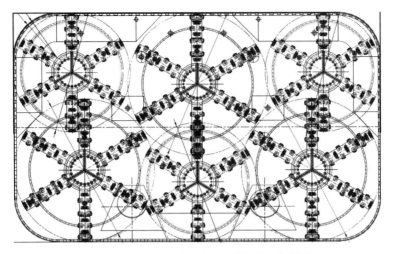

图 1-2　6.9m×4.2m 多刀盘土压平衡式矩形顶管机

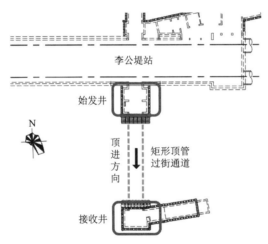

图 1-3　李公堤站 1 号出入口顶管施工平面图

李公堤站 1 号出入口过街通道顶管施工顶进长度为 42.8m,顶管始发接收高差为 0.428m,顶管以 1% 的坡度下坡顶进。顶管穿越金鸡湖大道,覆土层厚度为 4.793~5.095m。顶管主要穿越土层为①$_1$ 填土层、①$_2$ 浜填土层、③$_1$ 粉质黏土层、③$_3$ 粉土夹粉砂层,其中③$_3$ 粉土夹粉砂层为微承压水层。用于出入口通道的顶管结构全部采用预制矩形钢筋混凝土管节。管节混凝土强度等级为 C50,抗渗等级为 P8。矩形顶管外包横断面尺寸为 6.9m×4.2m,净空尺寸为 6m×3.3m。管壁厚 0.45m,长度为 1.5m,单节质量约 35t。

(3) 嘉兴市下穿南湖大道隧道

目前,已建成的世界最大矩形顶管隧道为两车道(宽度在 10m 左右)。随着城市的发展,两车道已无法满足城市快速路、主干道交通功能,需向更大、更高断面发展。嘉兴市下穿南湖大道矩形顶管隧道宽度从 10m 级别提升到 15m,开创了顶管法施工三车道隧道的先河。

嘉兴市市区快速路环线工程(一期)土建三标位于浙江省嘉兴市南湖区,线路全长 2079m。其中,下穿南湖大道区段采用矩形顶管法施工,顶管断面尺寸为 14.8m×9.426m,顶管段落长100.5m,两侧布置工作井,始发井位于南湖大道西侧,到达井位于南湖大道东侧,南北线结构净距1.2m,埋深5.68~6.54m,坡度5%下坡,先顶进北线,到达接收井后拆运至始发井二次始发顶进南线。

(4)苏州市城北路综合管廊工程

苏州市城北路综合管廊工程五标元和塘段顶管工程位于苏州市城北东路与齐门北大街相交处附近。该段地面沿线分布有元和塘河道,建(构)筑物有中国石化加油站、苏州军分区、交警二中队、民房房屋及齐门立交等,地下管线有天然气、供水、雨水、污水管道等。为了减少对周围环境的影响,采用矩形顶管法施工。

根据施工工况,泥水平衡顶管机上覆土需要求1.5倍顶管通道高度,而土压平衡则能到0.8倍高度。本项目虽然穿越地质条件较差的高透水性粉土粉砂层,但是在过河段上部覆土仅有3.5m,综合考虑后最终选择土压平衡式顶管机进行顶进。本工程采用土压平衡式9100mm×5500mm矩形顶管机掘进施工,顶管机机头共布置7个刀盘,其中大刀盘直径为4200mm,采用8台30kW电机,1470r/min;2个中等刀盘,直径为2980mm,采用4台30kW电机,1470r/min;2个中等刀盘,直径为2520mm,采用3台30kW电机,1470r/min;两个小刀盘,直径为1450mm,采用1台37kW电机,1480r/min。全断面总面积49.968m^2,总切削面积41.082m^2,整个刀盘切削率为82.2%,总搅拌面积37.208m^2,搅拌率为74.4%。

1.2.1.3 矩形顶管机的选型依据

目前,国内外矩形顶管工程主要采用土压平衡盾构机和泥水平衡盾构机两种机型,针对特定的地质条件,合理选用盾构机将使施工风险降低。由于各种开挖面土压力平衡模式对地质条件的适应性有所差异,在实际工程中,需要结合施工风险及关键控制指标,选择开挖面稳定性好、地层扰动小及成本低的机型。本工程下穿京杭大运河,穿越地层为富含水的黏质粉土夹粉质黏土层、粉砂层、砂质粉土夹粉质黏土层和粉质黏土层。因此,既要应对地下水压力及渗透场对开挖面稳定性的影响,又要考虑砂土液化、黏土的黏附特性对矩形顶管机型选择的不同程度影响。

(1)土压平衡的适应性分析

土压平衡是通过掘进机刀盘切削并挤压土体,挤压出的渣土由螺旋输送机输出,通过控制螺旋输送机的速度来控制出渣速度,在掌子面上形成泥土压力稳定,从而产生一种土塞效应,对地质条件的适应性主要包括:

①土压平衡适用于黏土地层,泥土在输送机内输送连续性好,出渣速度就容易控制,掌子面容易稳定,掘进效率高。另外,刀盘与工作面泥土摩擦力小,刀具磨损量小,利于长距离掘进。

②当地层中含有砂时,由于砂料在螺旋输送机上输送连续性差,土压平衡就不易形成土塞效应,掌子面就不易稳定。施工过程连续性差、效率低,刀盘与工作面土体摩擦力大,刀具磨损量大,不利于长距离掘进。

③在地层中富含水时,根据施工经验,土压平衡盾构机对高水压(0.3MPa以上)的地层适应性差。由于水特性和压力的作用,螺旋输送机无法保证正常的压力梯降,不能形成有效的土塞效应,易产生渣土喷涌现象。

④在含有孤石的地层中,土压平衡易形成螺旋输送机的堵塞,刀具磨损加剧。从而对刀盘开口率设计、刀具选型和布置、螺旋输送机出土能力均提出较高要求,加大了使用成本。

⑤在大埋深富水地段、粉土地层,采用土压平衡盾构机,地层土质黏性较大,极易形成泥饼,必须要求有较强的渣土改良能力,并有防止喷涌的能力。在砂卵石比例大的地层,螺旋输送机更难形成土塞效应,土压平衡盾构机进行舱内压力控制是很困难的,即使采用保压泵渣装置,也难以进行土压恒定控制。

(2)泥水平衡的适应性分析

泥水平衡通过向刀盘密封舱内加入泥水(浆)来平衡开挖面的水、土压力,刀盘的旋转切削和推进在泥水(浆)的环境下进行。泥水、渣通过泥水泵抽出,泥水通过循环的泥水系统处理后再度添加使用。使用泥水泵和泥水处理系统,不仅能有效控制掌子面的泥水压力,还能保持开挖面的平衡稳定性并控制地面沉降。

①泥水平衡盾构机施工过程连续性好、效率高,且刀具在泥水环境中工作,由于泥水的冷却与润滑作用,刀具磨损小,有利于长距离掘进。

②泥水平衡盾构机在掌子面根据要求添加泥水(浆),对掌子面的地层进行了改良,泥水平衡盾构机设置卵石破碎机,对孤石进行破碎处理,所以泥水平衡盾构机对高水压和砂、黏性、含孤石等地层都能适应。

③由于泥水平衡盾构机不设置螺旋输送机,内部空间变大,因此在大断面隧道施工中具有一定技术优势。

根据国内外施工经验,当地层的透水系数小于 10^{-7} m/s 时,可以选用土压平衡盾构机;当地层的渗水系数在 $10^{-7} \sim 10^{-4}$ m/s 之间时,既可以选用土压平衡盾构机,也可以选用泥水平衡盾构机;当地层的透水系数大于 10^{-4} m/s 时,宜选用泥水平衡盾构机。

(3)本工程选型依据

通过对本工程地质的详细分析、矩形顶管机的要求,并结合以往的制造与施工经验,由于穿越地层为富水地段,土体存在黏性,且顶进距离较长,场地较为紧凑,本标段将采用多刀盘组合式土压平衡顶管机。采用土压平衡方式,顶管机适应土质的能力更强,顶管机土仓内的土压力控制更容易、准确,能够在浅覆土层顶进过程中尽可能地减小挖掘面土体扰动和地面沉降。此外,矩形顶管机自身的土体改良系统能使土仓内的土体流动性和塑性变好,止水性能也得以提升。当有良好止水性的土充满螺旋输送机的筒体后,地下水就不会从螺旋输送机内喷发出来,因此,这种土压平衡顶管机在地下水位高的土质条件下施工,如在河道底下施工,也会十分安全。

通过调节顶管机后方主推装置的推进速度和调节螺旋输送机的转速快慢来共同控制土仓内土压力,这种调节方法效果最好。在排土量不变的条件下,推进速度快,则土压力上升,反之则下降。在推进速度保持不变的情况下,螺旋输送机的转速越快,排土量则越大,土仓内的压力就下降,反之则上升。

在刀盘设计方面,采用 8 刀盘组合设计,大小刀盘组合能够平衡矩形顶管机顶进时产生的偏转扭矩。当顶管机承受偏转扭矩时,可以通过各个刀盘的正转或反转来提供相反力矩,保证顶管机不会侧向翻转。同时,为了避免刀盘之间相互产生干涉,在设计时沿轴向分成前后两级布置,使其中 5 只刀盘位于另 3 只前置刀盘之后。

1.2.2 矩形顶管机的分类及地层适应性

现有矩形顶管机大多采用近似全断面切削方案。若只有一个大刀盘进行回转切削,矩形顶管机断面内的四个角就无法切削(图1-4),只能做到90%左右的截面切削率。为了减少切削死区面积,采用组合刀盘式矩形顶管机(图1-5)。大刀盘对大部分的正面土体进行切削,利用设置在刀盘后侧的仿形刀或小刀盘切削四个角上的土体,截面切削率为95%左右,依然会存在一定比例的切削死区。使用仿形刀盘对矩形断面进行开挖,开挖率可以达到100%,其优点在于结构对称、受力均匀,对土体的扰动小,有利于机头的顶进。这一技术主要在日本的隧道开挖项目中得到应用。

图1-4 定轴单刀盘式矩形顶管机

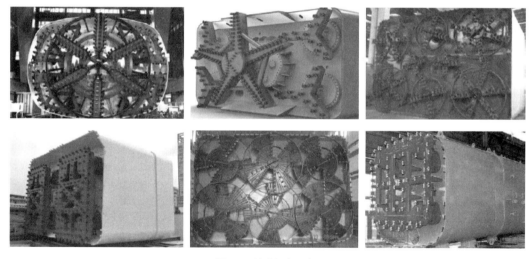

图1-5 几种组合刀盘

1.2.2.1 国外矩形顶管掘进机的结构形式

矩形顶管技术的发展起源于20世纪70年代左右,经历了敞开式人工开挖、网格式人工和机械协同开挖以及密闭式机械挖掘三个阶段。从20世纪90年代开始,矩形顶管进入了以密闭式矩形掘进机为主体的新技术开发期。随着铁路隧道及公路下穿隧道的建设,需要考虑控制隧道开挖带来的大量渣土和碎石等副产物,并尽量减少土方开挖量来降低工程成本,因此,出现了对非圆以及扁平断面空间的建设需求。基于此,1988 年日本建设部联合民企开展"开发地下空间建设技术"研究,在异形断面隧道装备领域取得了进展,开发了双圆(Double-O-Tube)、多圆(Multi-circular Face Shield)、H&V(Horizontal & Vertical,水平和垂直)等掘进装备。1990 年,日本西松建设研发了首个用于矩形断面的摆动式掘进机。此后,多种类型的密闭式矩形掘进机被逐步开发出来,本书选择其中具有代表性的矩形顶管掘进装备进行简要介绍。

(1)筒式矩形掘进机

筒式矩形掘进机是 1989 年被开发出来的全断面矩形空间掘进装备,通过驱动布置有 V 形刀的滚筒切割机构实现全断面开挖,并利用泥水来维持掌子面稳定,如图 1-6a)所示。该类掘进机容易发生排渣不畅及砂土附着、顶推力过高等情况,因此不适用于砂卵石等复杂地层。另外,基于土压平衡的原理,通过联合布置双滚筒旋转和摆动来实现矩形断面开挖。切削的土体通过滚筒及其附属刀具搅拌后充填在隔板舱室中,之后通过底部的螺旋输送机排出,如图 1-6b)所示。

a)泥水平衡　　　　　　　　　　　　　b)土压平衡

图 1-6　筒式矩形掘进机

(2)桨式矩形掘进机

桨式矩形掘进机是由清水建设株式会社在 2010 年开发的土压平衡顶管机。该掘进机在切削断面上配置了多组装备了刀具和切割滚筒的水平转轴,并通过水平轴旋转以及独立驱动滚筒等方式实现全断面开挖,如图 1-7 所示。各个滚筒可以自由控制旋转方向和速度。桨式螺旋兼具切割和搅拌功能,桨叶通过旋转将切割的土砂与添加剂搅拌混合,既能实现掌子面稳定,也有利于渣土从各个独立舱室的排土口排出。该顶管机具有明显可拓展的特征,并且掌子面具备分段开挖的能力,因此适用于大断面以及浅覆土等复杂场景。水平轴切削简化了挖掘机构,可以采用通用部件,因此其制造成本与传统矩形掘进机相比降低了 30% 左右。

a)顶管机全貌　　　　　　　　　　　　　b)刀盘布局

图1-7　桨式矩形掘进机

(3) APORO-CUTTER 矩形掘进机

APORO-CUTTER 是 All Potential Rotary CUTTER 的简称,指的是可以切削任意形状的切削机构(图1-8)。其原理是通过公转圆的旋转角度和摆臂的摆动角度变化来实现任意形状断面的挖掘。在密闭型掘进机前端的主旋转筒(公转圆)上,通过摆臂连接具有自转功能的切割头,使得该切割头根据预先设计的轨迹高速旋转切割出所需断面。

a)　　　　　　　　　　　　　　　　b)

图1-8　APORO-CUTTER 矩形掘进机

该掘进机由鹿岛建设株式会社在2008年开发,由于刀具高速旋转,对硬质地层具有高适用性,也适用于木桩等障碍物的切削。该掘进机也具有可拓展的功能,通过水平或垂直布置,可实现大断面的切削。另外,由于轴承等部件小于常规掘进机,因此制造工期相对较短。

(4)刀具可调式矩形掘进机

刀具可调式矩形掘进机基于圆形断面的切削方法,通过调整旋转运动中的刀具位置来实现矩形断面的切割,目前主要有两种。一种是可调节刀具式 EX-MAC(Excavation Method of Adjustable Cutter),如图1-9a)所示。通过在辐条内安装电控伸缩刀具,使其在旋转时,在矩形转角部位进行伸缩切削,以形成完整断面。该矩形切削工法自2005年开发之后,已经在日本被多次使用,并拓展到了双联矩形断面隧道中。另一种是摆动式 WAC(Wagging Cutter Shield),如图 1-9b)所示。其矩形断面切削机理与 EX-MAC 类似,自 1998 年开发以来,已被广泛应用。

a)EX-MAC双联布置

b)WAC双联布置

图 1-9　刀具可调式矩形掘进机

(5) R-Swing 矩形掘进机

R-Swing 矩形断面切削机构可拓展性好,所有单元可以简便地分割成便于运输的尺寸,且单元之间的连接全部采用螺栓紧固,组装和拆解过程简单,可缩减约 50% 的工序,且可重复使用,如图 1-10 所示。另外,该工法考虑了地表控制,采用顶部先行切割,抑制下方土体开挖对地表沉降的扰动。该技术在辅助工具管的支持下,可以实现水平及垂直方向的曲线切割,具有较好的应用前景。

a)R-Swing顶部张开

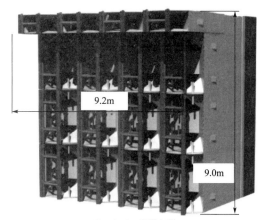
b)R-Swing多联布置

图 1-10　R-Swing 矩形掘进机

(6) OHM 矩形掘进机

OHM 是任意断面隧道切削工法(Omni-sectional Hedge Tunnelling Method)的简称,通过偏心公转配合刀具辐条绕轴自转的方式,以不同的转速比实现任意断面切割,如图 1-11 所示。该工法中,刀具轨迹遵循了洛伦三角形理论,需要考虑偏心预定量以及刀具的旋转方向和转速差异来实现所需断面的开挖。

a)   b)

图 1-11　OHM 矩形掘进机

(7) 行星轮自转公转式矩形掘进机

行星轮自转公转式矩形掘进机通过调整偏心多轴行星轮的自转及公转速度,实现任意断面的切削。日本阿尔法土木工程公司采用三轴偏心行星轮方案设计了用于矩形顶管的密闭型掘进机,如图 1-12 所示。该工法设计了功能强大的行星刀盘,使其适用于多种地层,并通过刀盘后背的辅助肋板加强其搅拌和掌子面稳定性能。在刀具旋转切削的过程中,其外缘主动挤压周围土体,抑制了转角处的土体脱落,因此,其在矩形隅角处的阻力优于其他掘进机。该工法通过配合辅助切削刀具,可实现非正方形断面的开挖,是日本目前主流的矩形顶管掘进机型。

a)常规自转公转式　　　　　　　　　　b)拓展的自转公转式

图 1-12　行星轮自转公转式矩形掘进机

(8) 其他类型

实际上,市场上还存在其他类型的矩形掘进机,包括早在 1995 年开发的偏心多轴(DPLEX)矩形掘进机,以及摇动辐条式配合其他刀具进行矩形断面切削的掘进机等,如图 1-13 所示。目前来看,偏心多轴式矩形掘进机在我国应用案例较多。另外,在地层稳定性好的情况下，以开放掌子面或半开放掌子面结合悬臂掘进机开挖，在卵石或其他障碍物分布地层条件中有独特的优势，如图 1-14 所示。

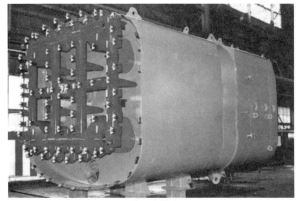
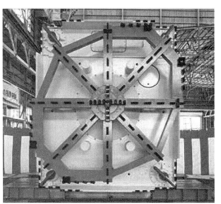

a)偏心多轴式　　　　　　　　　　　　　b)摇动刀具配合辅助刀具式

图 1-13　其他类型的矩形掘进机

a)敞开式矩形掘进机　　　　　　　　　　b)悬臂式掘进机

图 1-14　敞开式矩形掘进机和悬臂式掘进机

1.2.2.2　国内矩形顶管掘进机的结构形式

我国从 20 世纪 90 年代开始矩形掘进装备的研发。1995 年开发出了网格式矩形隧道掘进机，1999 年制造了断面规格为 3.8m×3.8m 的矩形顶管掘进机。此后，矩形及异形隧道掘进技术不断进步，从 2015 年后进入装备和工程应用的高峰期，开发出了多个当时世界最大的矩形及类矩形掘进机。总体而言，我国的矩形断面掘进机主要包括平行中心轴式、偏心多轴式和中心轴偏心轴组合式三种类型。其中，平行中心轴式顶管机具有断面尺寸易拓展、驱动方式简单、开挖盲区相对较小、地层适应性强、制造技术成熟等优势，结合我国当前对大断面及超大断面矩形地下空间的开发需求，其应用范围最为广泛，代表性的案例包括应用在嘉兴市区快速路环线下穿南湖大道隧道工程的世界最大类矩形顶管机，如图 1-15 所示。

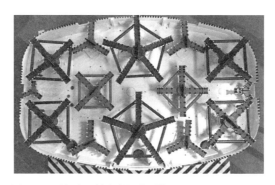

图 1-15　平行中心轴式类矩形顶管机($14.82m \times 9.446m$)

偏心多轴式刀盘矩形顶管机具有全断面切削、轴承等部件相对较小、便于大断面设计等优势。但相对于中心轴式掘进机,其掌子面渣土的搅拌性能受限,姿态控制相对较难,因此适用于软土地层,在我国的应用案例不多。

将中心轴式及偏心多轴式两种方式组合,二者协同工作可以实现任意断面的切削,相对于偏心多轴式,其应用范围得以拓宽,代表性案例包括郑州中州大道下车行隧道的顶进工程,以及上海轨道交通 14 号线静安寺站的矩形顶管工程,如图 1-16 所示。

此外,国内学者对装配式矩形顶管掘进机的开发和应用进行了研究,包括分体组合、合体限位、自由组装、管线互通等设计理念的应用,以及对小断面无人矩形顶管机具的开发。

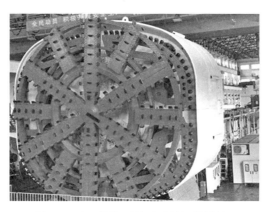

图 1-16　中心轴偏心轴组合式类矩形顶管机

1.2.3　矩形顶管始发/接收风险分析与技术控制措施

矩形顶管始发时,需在井体围护结构上破除一个供矩形顶管机通过的洞口。为防止该部分洞口土体流失引起地面坍塌,一般在洞口前设置一个加固体,该加固体需满足以下条件:

①可抵抗洞口土体侧压力,提供一个破除围护结构和安装止水装置的空间。
②可被矩形顶管机刀具切削破除。

洞口加固体施工的方法有水泥土搅拌桩、高压旋喷桩和素混凝土墙等工艺。当矩形顶管机截面较大时,搅拌桩和旋喷桩的质量较难同时达到上述两个条件,一般建议采用素混凝土墙进行加固,可紧贴井体围护结构施工,混凝土抗压强度保持在 $3\sim5MPa$。

矩形掘进机始发时,为防止泥浆或渣土从管节外壁和破除洞口的间隙中溢出,可在始发穿墙钢盒上安装特制钢丝刷或止水橡胶帘,或两者组合的密封装置。一般土压平衡式矩形顶管采用钢丝刷密封形式;泥水平衡式矩形顶管采用橡胶帘密封或钢丝刷、橡胶帘组合的密封形式,密封的目的是防止发生漏砂漏土现象,从而控制初始掘进面的压力平衡。

矩形顶管机顶进时,因地质或顶进速度不均,会出现偏差、扭转等姿态变化。为使矩形顶管机按设计轴线顶进,必须在顶进过程中进行测量和纠偏,这主要依靠测量系统、控制系统和纠偏千斤顶组来完成。当顶管机姿态发生变化时,安装在顶管机后方的激光经纬仪射出的激光点就会由预定的测量靶中心位移动,顶管偏差就会由测量靶后的感光屏自动监测得到,并将位置信息传送给控制系统。顶管机一般在前后节之间设置多组纠偏千斤顶,在机身前节侧翼设置纠扭千斤顶,当控制系统检测到顶进轴线和转角的偏差超出预设预警值时,就会向纠偏千斤顶发出指令促使其伸缩一定距离,使前后体间形成适当的纠偏角度,从而开始纠偏,直至达到设计状态。

顶管机顶进过程中需要排浆或排渣,泥水平衡式矩形顶管通过循环泥浆将切削土体带出。在顶进施工中,偶尔会出现遇障碍物将排浆管堵塞的情况,需要暂停施工,人工拆开排浆管后对调安装,利用进浆反冲解决机头排浆管道堵塞问题,但该法会造成一定量的泥浆外泄,影响施工速度且不环保。土压平衡式矩形顶管通过螺旋出土器将经泡沫处理过的渣土泵到斗车直接吊装外运,长距离顶管也可将渣土运至泥水箱中拌成泥浆后通过排浆管抽出。

矩形顶管因其开挖截面较大,在破除洞门后接近接收井时,掘进面土体因前方土体的保压作用减弱,在主千斤顶推力下必然造成内外压力失衡,易形成顶管机与洞门间涌土涌水卸荷沉降现象。目前,土压平衡式矩形顶管采用直接接收或接收井堆土接收,泥水平衡式矩形顶管采用水中接收,两种方式都是为了确保洞内外压力平衡,避免水土流失导致地面塌陷。采用水中接收时,当顶管机抵达接收井加固体后,破除接收井洞门处的井体围护结构,查明掘进距离和机身偏差后,在洞口前方设置导轨,接收井内放水至一定高度,实施水下到达,如图1-17a)所示。顶管机进入接收井后,对洞门与管节间缝隙进行注浆加固,待浆体在静水中凝固将缝隙封堵严密后,再抽干井内泥水,将顶管机吊出。顶管完成后的效果如图1-17b)所示。

a)顶管机水下到达

b)成型顶管通道

图1-17 水中接收

1.2.4 矩形顶管施工引起地层扰动

矩形顶管施工对周围土体的扰动机理与盾构和圆形顶管施工类似,因此在研究顶管施工引起土体运动的问题时,可以借鉴盾构及圆形顶管的一些计算方法。目前,国内外关于顶管施工引起地层扰动开展了一系列研究。

1.2.4.1 现场监测

Yamaguchi 等对日本京都四条近距离布置的隧道施工监测数据进行了分析,并根据这些数据描述后继推进的隧道对已建隧道的影响和隧道周围土体变形的力学机理。

方从启和王承德通过对上海市某顶管施工引起的地面沉降值的统计,得出地面最大沉降值 S_{max} 随覆土厚度 H 与顶管直径 $2a$ 之比的变化关系曲线。

刘波等通过三维有限元计算模型,预测穿越下覆既有隧道工程施工中引起的隧道及地表变形,并基于监测数据明确了顶管施工期间隧道和地表的三个不同发展阶段。

陈聪等针对武汉市首例矩形顶管出入口工程,通过数值模拟和现场监测结合,提出地表最终沉降与该处断面的施工顺序呈现正相关。

郝小红等以郑州市某超大断面矩形顶管工程为例,通过现场监测数据与数值模拟对比分析,提出了顶管施工中地层变化的规律。

郭静等依托苏州市某大断面软土地层矩形顶管建造综合管廊隧道工程,对顶管工程施工期间的周边土体孔隙水压力、土压力、深层土体水平位移、地表沉降进行监测,发现矩形顶管与圆形顶管对土层扰动不同。

1.2.4.2 经验公式法

Peck 通过对大量地面沉降数据及工程资料的整理分析,提出隧道开挖引起的地面沉降槽呈倒立的拟正态分布,首先提出了地面沉降的估算公式,认为土层的运动是由施工造成的土体损失引起的,并且在假定土体不排水、体积不可压缩、土体损失的体积和沉降槽的体积是相同的基础上,提出了横向地面沉降的估算公式:

$$S = S_{max} \exp\left(\frac{-x^2}{2i^2}\right) \tag{1-1}$$

$$S_{max} = \frac{V_{loss}}{i\sqrt{2\pi}} = \frac{A \cdot \eta}{i\sqrt{2\pi}} \tag{1-2}$$

式中:S——地面任一点的沉降值(m);

S_{max}——隧道中心处的最大沉降值(m);

i——沉降槽宽度,即沉降槽曲线的拐点离隧道轴线的水平距离(m);

V_{loss}——单位长度土体损失量(m^3/m);

η——土体损失率;

x——沉降曲线中心到计算点的距离(m)。

现阶段,地面纵向沉降经验公式的相关研究比横向沉降的研究要少很多,但也有很多学者提出了相关的计算公式。Attewell 等总结出了一种采用累积概率曲线公式来计算施工隧道轴

线上方纵向地面沉降的方法,具体公式为:

$$S(y) = S_{max}\left[\Phi\left(\frac{y-y_1}{i}\right) - \Phi\left(\frac{y-y_f}{i}\right)\right] \tag{1-3}$$

式中:$S(y)$——y 处的纵向地面沉降值(隧道施工方向)(m);

   y——地表点沿隧道施工方向的坐标(m);

   y_1——施工隧道掌子面的起始点(m);

   y_f——当前隧道开挖面的位置(m);

   Φ——由标准正态分布函数表查得。

沈培良等通过对上海地铁隧道地面沉降实际观测数据进行整理分析,并对大量曲线形式进行尝试,提出了盾构隧道纵向地面沉降曲线的一种新的拟合公式:

$$S(y) = S_{max}\frac{\exp[n(y_c-y)]}{1+\exp[n(y_c-y)]} \tag{1-4}$$

式中:y_c——$0.5S_{max}$ 的点离掌子面的距离,$y_c = -\alpha D$(其中 D 为盾构的外径,α 取值一般在 2.5 ~ 3.5 之间);

   n——曲线的形状参数,根据实际监测资料的统计分析,n 取值一般在 0.05 ~ 0.15 之间。

张鹏和李志宏在现有的 Peck 和 Loganathan 地表变形公式基础上,考虑顶管与隧洞的因素,求得修正后的沉降预测公式。

李辉等运用理论分析的方法,提出了矩形顶管施工引起的土层变形计算方法。

银英姿等通过分析内蒙古科技大学地下过街通道工程,采用数值分析和理论推导的方法,并与实测数据相结合,研究大断面矩形顶管施工过程中对周边环境的影响。

许有俊等分别考虑顶管机以及顶进的管节对土层的扰动情况,分析顶管施工过程中土体地表变形情况。

1.2.4.3　理论公式法

传统经典的数学力学分析方法是利用弹性力学理论中的无限和半无限空间内作用一集中力的解,通过数学中的积分原理计算分析地下结构工程施工引起周围土中应力和位移的影响。最为常用的弹性半空间解分别是 Kelvin 解、Mindin 解和 Boussinesp 解。其中,Kelvin 解主要用于计算无限空间内的一点集中力在土体中引起的应力和位移;Mindin 解主要用于计算半无限空间内某一点引起的应力和位移;Boussinesp 解主要用于求解半无限空间表面作用一集中力在半无限体中引起的应力和位移。

随机介质理论法是另一种常用的理论公式法,它将岩土体视为一种"随机介质",在假定土体不排水不固结、密度不变化、岩土体不可压缩的条件下,将开挖岩土体引起的地表下沉视为一个随机过程。从统计观点,可以将整个隧道开挖分解为无限多个无限小的开挖,整个开挖对地层的影响就应等于许多无限小开挖对上部地层影响的总和。

1.2.4.4　数值分析法

数值分析法能够对顶管施工过程进行三维模拟计算,并且能考虑正面土压力体与土体摩擦、土体属性、管径、埋深等各种工程因素,更加接近工程实际。但数值分析计算时选择适合工程土体性质的本构模型并对本构模型进行符合实际的参数取值存在一定的困难,因此数值分析方法并不能进行精确的定量分析,但可以用于对顶管施工引起的土体变形及影响规律进行定性研究。

黄宏伟等在分析总结顶管施工力学效应的基础上,利用三维数值分析方法,研究了顶管法施工引起周围土层的应力及地表位移分布规律,用数值模拟的方法研究了顶管法施工过程中的正面顶推力、土体损失、注浆层摩擦力等因素单独和共同作用下土体变形规律。

魏纲对顶管施工引起周围土体扰动机理进行了详细分析,包括顶管施工扰动的机理及其特征、受扰动土体的分区、扰动的影响范围、扰动区土体的应力变化、扰动区土体的性质变化等方面,在此基础上,采用 ANSYS 软件模拟了顶管施工过程,研究了施工引起地下既有管道的位移模式,并且提出了顶管法施工中减小对既有地下管线扰动的措施。

薛振兴对顶管施工顶力计算方法进行了细致的理论分析,提出预估顶力的计算方法。在此基础上,利用 C++ 语言编制了可以用于工程实践的顶力计算软件。

郭牡丹等运用有限差分软件 $FLAC^{3D}$ 建立三维数值模型,对沈阳五爱隧道顶管施工进行了数值模拟计算,对比实测数据验证了数值模拟结果可靠性,对比分析不同埋深模型的数值模拟结果,得出随埋深增大沉降值迅速减小的结论。

吴勇等对注浆压力和机头作用进行模拟并进行改进,分析大断面、浅覆土的矩形顶管施工带来的地层影响。

张治成等基于 Plaxis 3D 平台,建立三维有限元模型,研究了符合顶管施工特点的土体收缩率,并进行参数敏感性分析,总结了施工中的最优参数。

王剑锋等通过数值模拟手段,模拟施工过程中的参数并进行参数敏感性分析,得出在实际施工过程中,需要将机头支护压力控制在顶管中心土层自重应力以下,同时需要注意控制管土之间的摩擦来减少顶管施工对土层的影响。

1.2.4.5　模型试验法

进行现场的施工监测、测量最能反映出隧道工程问题,但是在实际施工过程中,由于条件不足或难度较大,此类监控量测数据往往难以获得。为了对现场的实际情况进行最大限度的模拟,采用模型试验法是一个较经济的选择,将实际情况以一定的比例在试验室模拟出来,再运用各类监控量测仪器来测试地下管线在顶管开挖穿越过程中的扰动变形问题。此方法能研究各类较全面的问题,也能较准确地反映实际工程情况。

1.2.5　矩形顶管施工对周围建(构)物的影响

在地下工程施工过程中,有很多因素影响管线变形,而保护地下管线的基础是分析管线的受力变形,最常用的方法有数学解析法和数值模拟法。

1.2.5.1　数学解析法

顶管顶进时对土体产生扰动,进而以法向土压力等形式影响管线,同时管线对土体变形也产生抑制。在顶管顶进过程中,地下管线产生的变形量超过管线变形允许值,并且管线产生的应力值超过管线的极限承载力,此时地下管线因顶管顶进所产生的变形和应力势必会影响其正常使用。因此可以采用 Winkler 弹性地基梁理论对地下管线位移进行计算,这一理论已在以往的工程实践中得到合理的运用。

Attewell 根据 Winkler 弹性地基模型提出了评估方法。因为地层方向不同,管线位置不同,所以不论管线与地层垂直运动还是平行运动,管线的弯曲应力与接头转角都不相同,同时还研究了不同管径下管线的变形状态,并给出了管线设计方案,是早期比较完善的研究成果。

Klar 在分析弹性地基梁法的基础上,通过计算分析得到了管线最大凹陷弯矩的解析解,能够快速估算管线在隧道开挖过程中变形的最大弯矩。该解析解的结果与 Attewell 的数值解表现出良好的一致性。

雷崇红等研究发现隧道垂直通过管线下方时,开挖引起的管线沉降变形基本符合高斯曲线,管线沉降与地表沉降具有相同的变形特征;隧道平行通过时,管线整体沉降且随着两者的距离减小,沉降也随之减小。

1.2.5.2 数值模拟法

数值模拟法在分析隧道开挖引起的土体和管线相互作用及其协调变形时得到了较为理想的结果。

Finno 等通过建立有限元模型,基于芝加哥 Lurie 医疗研究中心工程,研究了深基坑开挖对邻近地下管线的影响。假设管线与周围土体一起移动,研究表明,管径为 150～500mm 的管线变形预测曲线能与现场实测数据曲线较好地吻合。

胡云龙等以某地铁盾构隧道邻近既有隧道、管线施工为背景,采用 ANSYS 软件分析了盾构隧道施工过程中的土体位移、管线沉降与受力情况。结果表明,盾构施工过程中应力重分布致使地表最大位移向隧道左侧偏移,既有隧道及管线易在墙角部位产生应力集中,且既有隧道有向盾构隧道净空倾斜位移的趋势。

王洪德等基于 FLAC^{3D} 数值仿真,对其地下管线随掘进过程的变形方式和程度进行了分析。研究表明,管线在 x、y、z 方向产生了变形,轴向方向是由刀盘转动产生的随机变形,水平方向是作业面对土体推力造成的变形,竖直方向是由土层承载力重分布产生的变形。

李志南等采用 Midas GTS NX 软件通过激活矩形顶管,将由施工规范计算得到的顶推力分为两部分,分别施加于掌子面和管节上,提出通过改进顶管及压板设计的施工方案减少对既有隧道的影响。

于永正以雨水管线采用顶管法施工下穿公路桥梁为背景,采用有限元分析法,得到顶管施工对公路桥梁的影响。

龚玉锋利用 ANSYS 有限元软件,通过激活顶管的方法模拟了顶管顶进过程,研究了顶管施工对周边构筑物的影响。

1.2.5.3 现场监测

白廷辉等针对上海市某地铁穿越工程,通过信息化监测实时反馈数据来指导既有隧道的施工,主要对隧道的竖向位移、隧道收敛位移以及轨道的左右侧高差进行监测,以保证既有运营隧道沉降和位移满足要求。

李东海等在北京市某穿越工程中,采用精度为 0.3mm/km 的蔡司精密水准仪进行现场监测,通过反馈数据得到车站结构因隧洞开挖而产生的力学效应,并得出调整同步注浆及二次注浆的参数,将相关关键控制指标限制在可控范围内。

孙泽信等采用静力水准仪系统在基坑施工期间对既有地铁的结构进行位移监控,并与人工监测相结合,共同确保了施工期间的安全性。

由以上研究成果可以看出,在近接穿越施工中进行实时监测十分有必要。实时监测可以实时掌握既有结构物的沉降、位移及内力情况,在危险情况出现之前及时进行风险控制,可保证既有结构物的安全,特别是在盾构施工过程中将自动化监测分析与反馈的结果及时与盾构操作人员进行有效的汇报,可降低施工风险。

陈仁朋等以杭州市地铁 1 号线 EPB(土压平衡盾构)平行隧道工程为依托,对平行隧道施工过程中周边地层的孔隙压力、地表和地下沉降及水平位移进行监测。监测表明,盾构下穿敏感建筑施工时,隧道开挖-同步注浆-浆液硬化过程中,周边地层应力依次经历了"卸载-加载-卸载"的复杂扰动,盾构下穿施工对邻近建筑物影响较大。

1.2.6　成型隧道质量控制

针对近距离下穿既有成型隧道的质量控制研究,国内外学者以具体工程为背景进行了研究。

祝思然等以北京市地铁某区间盾构下穿 M15 隧道为背景,利用数值模拟手段结合现场实测数据对沉降变化规律进行了分析,认为穿越前设置试验段对施工参数进行调整是十分必要的,增大开挖面压力对于控制沉降有显著效果。

梅文胜等以某地铁穿越既有隧道为背景,开发了一套基于测量机器人的实时自动化监测系统,对于实时反馈和沉降控制起到了关键作用。

朱红霞等针对武汉市地铁 3 号线王家墩北站—范湖站盾构区间复杂的地质环境,研究了承压水粉细砂层中盾构近距离下穿既有隧道的沉降控制方案,认为穿越前对既有隧道进行注浆加固,穿越过程中采用实时自动化监测是必需的手段。

张海彦等利用 ANSYS 软件对盾构隧道施工过程进行三维数值模拟,认为新建隧道对既有隧道的影响范围为 3 倍新建隧道洞径,当新建隧道垂直下穿既有隧道的间距小于 0.8 倍新建隧道洞径时,需要采取改变施工参数和加固既有隧道等措施。

申文明结合宁波市轨道交通 3 号线一期工程四明中路站暗挖施工,分析了顶管近距离上跨运营隧道风险源及施工过程中的控制措施,认为通过自动化监测、控制顶进速度等措施,可以将隧道上浮限制在 10mm 内。

李刚柱基于杭州市地铁 6 号线一期工程中医药大学站—伟业路站区间工程,提出在上跨工程施工过程中需要严格控制盾构施工参数,并及时进行监测,保证上跨工程安全施工。

罗德芳以长沙市湘府路快速化改造工程排水管顶管上跨既有轨道交通 1 号线为研究背景,提出采用钻机等影响范围较小的机械设备对地铁施工临时加固区混凝土障碍物进行清除,且需合理控制顶进速度。

1.3 主要研究内容

1.3.1 研究目标

苏州市胥涛路对接横山路隧道属于典型的浅覆土、高水压的大断面、长距离矩形顶管工程,其施工工艺复杂、难度大,有必要立项进行深入研究。本工程的研究目标为提出系统性大断面矩形顶管越河施工工艺,主要包含超浅埋大断面矩形顶管管节设计及预制关键技术研究、矩形顶管机设备选型及功能升级关键技术研究、浅覆土高水压矩形顶管下穿京杭大运河施工关键技术研究、大断面浅埋矩形顶管并行下穿京杭大运河力学响应现场监测研究、跨平台智能交互技术应用研究五个方面。通过本工程的实施,验证施工工艺的经济科学合理性,为今后同类工程的施工提供技术参考。

1.3.2 研究内容

苏州市胥涛路对接横山路矩形顶管隧道在分类中属于大直径顶管(等效半径大于2000mm)。顶管采用双线(N线和S线)施工,顶管净距相对于顶管尺寸较小,隧道采用浅埋方式下穿京杭大运河段,工程风险源高且施工难度大。主要研究内容见表1-4。

主要研究内容　　　　表1-4

分项序号	分项标题	研究内容
1	超浅埋大断面矩形顶管管节设计及预制关键技术研究	①超浅埋大断面矩形顶管管节设计及结构计算; ②大断面矩形顶管管节预制施工工艺
2	矩形顶管机设备选型及功能升级关键技术研究	①富水砂层土压平衡矩形顶管防喷防堵关键技术; ②大断面矩形顶管机背土效应控制关键技术; ③大断面矩形顶管机姿态控制及纠偏关键技术; ④大断面矩形顶管机开挖盲区处置及土体改良关键技术; ⑤大断面矩形顶管机掘进智能化改造技术
3	浅覆土高水压矩形顶管下穿京杭大运河施工关键技术研究	①大断面矩形顶管始发及接收井洞门加固止水技术; ②大断面矩形顶管顶力计算方法; ③矩形顶管长距离顶进减阻施工关键技术; ④矩形顶管施工参数及姿态控制分析; ⑤地层变形规律分析
4	大断面浅埋矩形顶管并行下穿京杭大运河力学响应现场监测研究	①大断面矩形顶管下穿京杭大运河实时可视化监测系统; ②后顶管顶进诱发先顶管三维空间变形的监测方法
5	跨平台智能交互技术应用研究	①BIM(建筑信息模型)+CIM(城市信息模型)关键技术应用研究; ②智慧工地关键技术应用研究

1.4 关键技术及创新点

1.4.1 超浅埋大断面矩形顶管管节设计及预制关键技术

胥涛路对接横山路隧道工程为两车道小型车专用通道,确定顶管工程横断面尺寸为9.8m×5.9m(内尺寸8.4m×4.5m,管节设计长度1.5m)。管节因截面尺寸过大,无法实现远程运输,需在有限施工场地内建造管节预制场进行管节生产,以满足施工需要。

1.4.1.1 管节设计及结构计算

受管节净空等因素控制,胥涛路隧道顶管管节在9.8m宽度的基础上,管节厚度最大只能做到70cm。因此在不影响管节整体受力的情况下,对箍筋布置进行了优化,以满足受力与耐久性的要求。同时,增加了管节预应力榫孔,增加了误差空间,防止施工时定位插入困难。

预制管节的受力计算采用结构-荷载模式,结构计算模拟运营阶段的结构受力,按照最不利组合进行抗浮、结构抗弯、抗剪、抗压、抗拉强度验算。计算结果表明,管节抗浮安全系数等于1.408(大于1.05),符合抗浮要求。同时,预制管节在正常使用和承载能力极限状态下的弯矩、剪力和轴力均符合安全要求。

1.4.1.2 大断面矩形顶管管节预制施工工艺

采用固定模具带插入式振捣器的台座法生产工艺进行管节预制生产,采用模具拼装、钢筋笼安装和检查、混凝土浇筑、蒸汽养护、拆模、管节检查、管节翻身和堆放、喷淋养护和防水材料粘贴的生成流程,避免了模具组装困难和效率低的问题。本次预制管节同时采用一种安装拆卸便捷高效、连接牢固、脱模方式不影响成品管节质量的超大断面矩形顶管管节现场预制装置。

1.4.2 矩形顶管机设备选型和功能升级关键技术及创新点

根据苏州市胥涛路对接横山路隧道的特殊工程环境,提出了土压平衡及泥水平衡相结合的新型双模矩形顶管机选型方案,对现有矩形顶管机进行了系统改造和功能升级,研制了适用于本工程的新型大断面矩形顶管掘进机,建立了复杂工况下大断面矩形顶管装备设计及其制造关键技术,通过对现有矩形顶管机的系统改造和功能升级,扩大了矩形顶管装备的适用范围。

1.4.2.1 富水砂层土压平衡矩形顶管防喷防堵关键技术

苏州市胥涛路对接横山路隧道下穿京杭大运河工程局部穿越砂土地层,由于开挖面扰动容易造成砂土液化及螺旋出土机的喷涌失控,因此,对螺旋出土机的结构进行了创新改造,提出了一种土压平衡矩形顶管机螺旋出土机的防断电防喷涌装置,以解决上述问题。

1.4.2.2　大断面矩形顶管机背土效应控制关键技术

背土效应是浅覆土、大断面矩形顶管必须应对的技术难题。由于矩形断面不利于上覆土体稳定,周围土体会垮落并附着在顶管机及管节管壁上,使得顶管机的上方和侧面的摩擦阻力逐渐增大,导致顶推力骤升,严重时会造成周围土体严重变形并危及管节安全。然而,现有的大断面矩形顶管机由于未考虑背土效应的发生,在顶推时往往会对周边原生土体造成剧烈挠动。考虑本工程断面大、覆土浅,且在运河松软河床下施工,背土效应难免会发生,因此,研发一种土压平衡矩形顶管机加注触变泥浆的防背土结构极为重要。

1.4.2.3　大断面矩形顶管机姿态控制及纠偏关键技术

矩形顶管机姿态控制及其纠偏是重大工程技术难点,除了采取在顶管机内高出来的一侧堆上铅块、钢锭外,还通过研发套筒式注泥泵进行姿态纠正,包括侧翻。通过注泥泵向预设在顶管机内左侧的注泥孔注入泥土,进行姿态修正。

此外,为顶管机加配纠偏油缸和液压锁,以确保在纠偏过程中纠偏油缸的行程保持不变。同时,液压回路中设置保护性阀门,保证顶管机在较大推力或纠偏力下,纠偏油缸仍能正常工作。另外,集成了脱管控制阀块、螺旋出土机闸门开与关的控制阀块。

1.4.2.4　大断面矩形顶管机开挖盲区处置及土体改良关键技术

针对矩形断面存在的开挖盲区问题,设计了壳体前端呈环状布置的铲齿刀与泥土仓锥型挤压板,增大了掘进过程对盲区土体的影响。另外,通过在刀盘的主轴中心和辐条上设置注浆通道,使土体改良浆液直接注入掌子面,确保泥土具有较好的塑性、流动性和止水性。

1.4.2.5　大断面矩形顶管机掘进智能化改造技术

结合本工程实际,对大断面矩形顶管机进行了智能化实践和探索,提出了基于远程监控系统的土压平衡顶管机,系统包括传感器、控制器、电源、工业交换机和操作端。此外,还研制了自动注浆系统,包括注浆装置和测控装置。控制平台通过数据传输装置与压力传感器进行信号传输连接并控制注浆装置进行注浆。基于上述方法,实现了顶管施工过程中自动测压注浆,能实时监测管节外减阻泥浆的压力,并有效控制管节周边泥浆套的形成。

1.4.3　浅覆土高水压矩形顶管下穿京杭大运河施工关键技术

1.4.3.1　大断面矩形顶管始发及接收井洞门加固止水技术

鉴于本项目存在两处始发洞门且断面尺寸较大,为确保施工安全,在始发洞门两条通道顶进方向采用密插的方式布设 SMW 工法桩。通过对洞门处的结构进行加固,可进一步增强止水性,避免始发过程中高水压砂层在支护不足的条件下出现涌水涌砂。

由于施工工作井邻近京杭大运河,通道水量丰富且水压大,因此设计一种特制的止水套箍以加强洞门防水,尤其是针对大断面矩形顶管始发井及接收井,采用橡胶板,形成特定人字形结构,使第三级防水结构与前两级防水结构形成紧密联系,以实现整体良好的防水效果。

1.4.3.2 大断面矩形顶管顶力计算方法

顶管顶力作为顶进设计的重要参数,也没有统一的计算公式。在现有计算模型及存在问题的基础上,结合矩形顶管的特殊性探究大断面矩形顶管顶力计算模型。在比尔鲍曼理论、管土与管浆部分接触理论的基础上修正改进,充分考虑泥浆对管节浮力的影响,推导出大断面矩形顶管的顶力计算方法。并结合实际覆土深度,分别采用太沙基模型和马斯顿模型评估顶力。

1.4.3.3 矩形顶管长距离顶进减阻施工关键技术

为减小管壁与土体的摩擦因数,降低顶管顶进过程中管节产生的摩阻力,采用管节外侧涂蜡和注入触变泥浆两种减阻方法。对于管节外侧涂蜡,在预制管节四周外壁进行涂蜡与烘烤;对于触变泥浆,基于岩土特征,配制减阻泥浆,通过顶管机和管节内部设置的注浆孔向管外压注减阻泥浆及浓泥。

实际工程中,考虑由于周边原生土体的握裹作用,顶管机上方和侧面的摩擦阻力逐渐增大,易导致顶管机顶杆与其底座发生相对偏移。故结合矩形顶管机的基本构造,提出了一种加注触变泥浆的防背土结构,减小顶管机上方和侧面的摩擦阻力,尽可能避免背土现象。

1.4.3.4 矩形顶管施工参数及姿态控制分析

(1) 施工参数分析

通过全断面的土压力检测,分析掘进全线土压力变化情况及影响因素,并围绕掘进速度对土压力波幅进行进一步分析。综合刀盘的使用功率可知,刀盘在掘进期间的左上、右上、左下和右下四角位置的使用功率偏高,由此可知,该位置的刀盘扭矩偏高,通过分析刀盘盲区状态,揭示了掘进过程的扭矩影响诱因。最终通过刀盘磨损状态分析,为穿河工况下的切削功率、耗材储备和后续掘进施工提供工程建议。

(2) 姿态控制分析

基于顶管施工相关规范,分析施工过程的平面偏差和高程偏差,分析加固不均匀和顶进速率等参数对平面偏差和高程偏差的影响。

1.4.3.5 地层变形规律分析

综合现场施工工况,基于数值模拟,分析隧道开挖阶段、衬砌安装阶段、注浆补偿阶段的地层沉降规律,同时考虑后行线对先行线的影响,得出隧道断面双衬砌的整体地层变化规律。

1.4.4 大断面浅埋矩形顶管并行下穿京杭大运河力学响应现场监测

1.4.4.1 大断面矩形顶管下穿京杭大运河实时可视化监测系统

在并行矩形顶管顶进期间,左右线共选择5个监测断面,每个断面布设钢筋应力计和土压力盒,分别监测施工期间的管节内力及管节外侧所受水土合力。通过无线传输模块和云端接收装置,将监测数据传输到可视化平台,实现整个顶管施工全过程的实时监测。

1.4.4.2 后顶管顶进诱发先顶管三维空间变形的监测方法

在已顶进完成的先顶管中布设三个断面的环向分布式光纤和两个纵向分布式光纤,综合研究管节纵向与环向变形量,确保顶管管节在施工期间的拉伸、弯曲变形,横截面的变形量以及管节的相对沉降差均控制在允许范围之内。分布式光纤的布设方向为管节轴向,通过平面几何关系将光缆的轴向拉伸变形与管节沉降建立关系,实现施工期间隧道沉降的完整检测。

1.4.5 跨平台智能交互技术的应用

1.4.5.1 BIM + CIM 关键技术应用

采用无人机倾斜摄影技术,将现场交通导改、地形等场地情况叠加嵌入 BIM 模型,采用 BIM 技术高精度还原模拟场地布置,合理优化施工空间,提前预判各机械设备的站位以及空间位置是否冲突,并选取最合理的机械设备及施工方案。

基于 CIM 数据资源库,采用先进的 BIM 模型、数据统计分析等技术,建立施工现场多场景的二三维一体化交互平台,在 CIM 平台上应用项目场地布置模型(图 1-18),实时浏览项目周围的配套设施(图 1-19)。为商业中心提供车流向的优化指导方案,拒绝在施工路段拥堵,采用智慧停车方案,为出行减负;附近交通站则可以为出行提供更多的选择方案。

图 1-18 场地布置模型

图 1-19 项目及周围设施模型

1.4.5.2 智慧工地关键技术应用

针对施工现场多种工序交叉作业管理难度大等问题,借助云计算、移动互联网、物联网、人工智能(AI)、大数据等新技术与施工现场业务场景深度融合,建设智慧工地集成平台,形成智慧监控、移动巡检、隐患排查、动态管理、联动监测、自动预警等常态化、智能化、数字化安全管控模式,对项目管理进行全方位、立体化的实时监管、实时反馈。

第2章 超浅埋大断面矩形管节及顶管设备设计关键技术

2.1 引言

随着城市土地资源日益紧缺,对地下空间的建设要求不断提高,圆形顶管断面利用率低、浅覆土适应能力差的缺点越发显著。近年来,随着异形断面掘进机不断被研发,矩形、椭圆形、多圆形等断面形式的隧道在实际工程中得到应用。图 2-1 为不同断面形式隧道示意图。相比于椭圆形隧道、双圆形隧道、圆形隧道,矩形隧道的有效使用面积分别提升了 15%、35%、45%左右,从使用功能和经济性能等方面综合考量,矩形顶管隧道越来越多地被应用于地下人行通道、地铁车站出入口等市政工程领域。

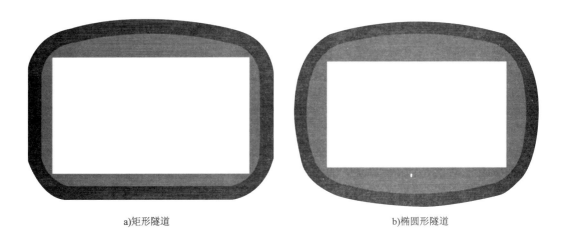

a) 矩形隧道　　　　　　　　　　　b) 椭圆形隧道

图 2-1

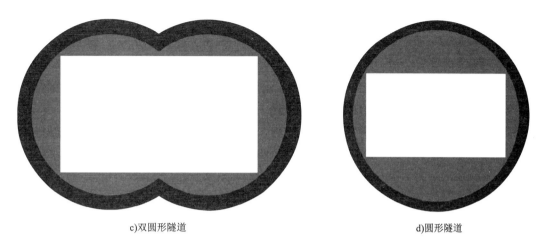

c) 双圆形隧道　　　　　　　　　d) 圆形隧道

图 2-1　不同断面形式隧道示意图

苏州市胥涛路对接横山路隧道工程连接姑苏区和高新区,旨在缓解该区域交通拥堵压力。本隧道道路等级为城市次干路,隧道东起西环路,西至鑫苑路,N 线设计全长 860m,S 线设计全长 940m,明挖段引道坡度为 5%。每条车道根据规范要求宽度不小于 3.5m,单向双车道不小于 7m,并在隧道两侧设置宽约 1.4m 的防撞石和管线通道,因此顶管隧道内净宽须大于 8.4m。隧道净高须大于 3.5m,以满足小客车最小通行净高要求,结合建筑及附属设施布置需求,结构净高不小于 4.5m。综上考虑,目前尚无合适匹配的常规断面,故采用定制新尺寸断面的顶管机,以符合两车道小型车专用通道。由于采用的超大断面(外尺寸 9.8m×5.9m)管节属于超限结构,无法实现道路运输,所以采用由专业厂家在施工现场预制生产的方法。

2.2　管节研究现状

顶管管节设计关乎顶管隧道的安全运营及服役周期,其设计技术主要由管节断面设计和管节防水设计两方面构成。对于矩形顶管管节断面设计,隧道建筑限界、管节内轮廓线以及断面厚度是三个基本设计要素。隧道建筑限界指为了保证隧道内各种交通正常运行与安全,禁止障碍物在一定的高度和宽度范围内侵入的空间限界。管节满足隧道建筑限界要求后,内轮廓线应预留通风、监控等隧道内部装修设施所需作业空间,同时应尽量减少隧道范围内岩土体的开挖量,保证经济性。确定内轮廓线后,为满足管节强度要求,需控制顶管管节结构的断面厚度。结构断面过薄,管节在运输、吊装等施工过程中易造成结构安全隐患;结构断面过厚,管节体积、荷载过大,会增加施工难度。国内部分矩形顶管工程案例总结见表 2-1。目前,最大断面尺寸为嘉兴市下穿南湖大道矩形顶管工程,管节尺寸为 14.82m×9.446m;管节最大埋深为武汉市轨道交通 3 号线一期总管站 3、4 号出入口顶管工程,埋深 15m。

管节结构作为顶管承受外力作用的载体,其设计合理与否直接影响到顶管工程的服役周期。目前,专门针对矩形顶管管节结构设计的规范尚未发布,在工程上参考的《公路桥涵设计通用规范》(JTG D60—2015),其设计理念仍基于圆形顶管。《给水排水工程埋地矩形管管道结构设计规程》(CECS 145:2002)、《顶管施工技术及验收规范(试行)》和《给水排水工程顶管技术规程》(CECS 246:2008)对于顶管工程同样具备参考价值。雷晗等结合上海市污水治理南线工程,采用Abaqus数值模拟方法,研究了内径4m的钢筋混凝土顶管管道的受力特性,并与规范规定的方法进行比较,分析了管道内力的差异。蒋平等考虑不利断面,根据《给水排水工程顶管技术规程》(CECS 246:2008),对内径4m的钢筋混凝土顶管管节进行了设计和计算,为相关工程设计提供了依据。

随着国内大量顶管工程的开展,管节接头的相关研究工作正逐步进行。顶管管节接头一般可分为刚性和柔性两种。其中,钢管管节间多为刚性接头且常用于直线顶管,若要形成曲线,需很大的力迫使管节弯曲,并且会在钢管接口处产生应力集中现象,影响后续施工。钢筋混凝土顶管一般采用柔性接头,其形式多种多样,常见的有平接式、企口式、承插式等。管节接头处容易出现渗水、漏水等病害,设计时应予以充分考虑。徐薇娜等以郑州市沈庄北路—商鼎路下穿中州大道顶管隧道工程为例,论述了粉土层中大断面混凝土顶管管节接头及顶管始发防水设计。客观地说,对于顶管接头形式的选择及防水设计的研究国内尚处于发展阶段,目前大多根据工程类比或工程经验确定。

国内部分矩形顶管工程案例　　　　表2-1

工程名称	截面尺寸 (m×m)	管节壁厚 (m)	埋深 (m)	主要穿越地层
南宁市轨道交通1号线一期工程南湖站	6.9×4.9	0.5	5.2	硬塑状粉质黏土、硬塑状黏土
上海市轨道交通L2张江高科站1号出入口	6.0×4.0	0.5	7	淤泥质粉质黏土、淤泥质黏土
广州市地铁车站市政过街通道	6.0×4.2	0.5	5.2	淤泥质粉细砂、粉质黏土
深圳市地铁7号线华强北站至华新站区间通道	6.9×4.9	0.3	4	粗砂
徐州市轨道交通2号线一期工程文博园站4号出入口	6.0×4.0	0.5	4.5	粉土
福州市工业路矩形顶管通道	9.26×9.06	0.5	4.3	杂填土、淤泥及中砂
武汉市轨道交通3号线一期总管站3、4号出入口顶管工程	6.92×4.92	0.5	15	粉质黏土、黏土
南京市江东中路与江东门北街地下矩形人行通道	7.0×5.0	0.5	5	淤泥质粉质黏土
昆明市6号线拓东路与环城南路交叉口地下通道	6.9×4.9	0.45	5.5	黏质粉土
苏州市城北路综合管廊	9.1×5.5	0.65	9	粉砂夹粉土、粉砂

续上表

工程名称	截面尺寸 （m×m）	管节壁厚 （m）	埋深 （m）	主要穿越地层
苏州市人民路南线综合管廊顶管工程	6.9×4.2	0.5	4.1	粉质黏土、粉质黏土夹粉砂
武汉市地铁2号线王家墩东站4号出入口	6.0×4.0	0.5	5.9	粉质黏土夹粉土
郑州市轨道交通4号线一期	9.1×5.5	0.65	10	粉质黏土
郑州市下穿中州大道隧道工程	10.4×7.5	0.7	3.6	粉质黏土、粉土
苏州市轨道交通5号线11标石莲街站	6.9×4.2	0.45	4.42~5.09	黏质粉土夹粉质黏土、粉砂
长沙市地铁6号线矩形顶管工程	7.5×5.4	—	4.5~6.7	粉土、富水圆砾、强风化泥质粉砂岩、中风化泥质粉砂岩
天津市地铁6号线红旗南路站B出入口顶管工程	7.0×4.3	0.5	4.4	粉质黏土
西安市高新区科技二路综合管廊下穿皂河矩形顶管工程	7.25×4.2	0.6	12.5	粉质黏土
嘉兴市下穿南湖大道矩形顶管工程	14.82×9.446		5.68~6.45	粉质黏土、砂质粉土
重庆市天宫殿N区C工程A匝道隧道	10.4×7.55	0.7	4~6	穿越岩层
上海市新建裕民南路下穿G1501地道工程	10.4×7.5、6.9×4.2	0.7	5.19~6.85	砂质粉土、淤泥质黏土、粉质黏土
广州市轨道交通工程钟村站	6.0×4.3	0.5	4	粉质黏土、淤泥质土、中粗砂
武汉市黄孝河综合管廊地铁3号线顶管工程	8.3×5.25、4.9×3.9	0.6	5~6、6~7	粉质黏土、黏土
珠海市兴业快线（北段）车行隧道下穿有轨电车矩形顶管工程	10.4×7.5	0.65/0.7	6.0	淤泥质黏土、粗砂、黏土、砾质黏性土

2.3 大断面管节设计

2.3.1 管节截面设计

胥涛路对接横山路隧道工程连接姑苏区和高新区，旨在缓解该区域交通拥堵压力。姑苏区一侧场地提供引道长度较短(仅340m),受场地限制无法建设跨河桥梁,遂设计建设一条双向四车道的车行隧道,其中下穿京杭大运河段采用顶管工艺。本隧道道路等级为城市次干路,隧道东起西环路,西至鑫苑路,N线设计全长860m,S线设计全长940m,明挖段引道坡度为5%。

2.3.1.1 陆域现浇段

目前,城市道路陆域浅埋隧道的横断面可供选择的主要形式包括:矩形箱涵断面、折板拱断面和圆弧拱断面。其中,明挖法施工的隧道以前两种横断面布置形式居多。暗埋段隧道横断面结构方案对比见表2-2。

暗埋段隧道横断面结构方案对比　　　　　　表2-2

比选项目	矩形箱涵横断面结构方案	折板拱横断面结构方案
横断面形式		
优点	①构造简单,施工方便; ②受力明确,结构"内力-变形"计算理论和分析方法成熟; ③隧道横断面的结构外包高度相对减小,可充分利用结构自重和顶板上覆土自重实现抗浮,有利于减少抗浮工程措施	①可充分利用建筑限界,断面利用率高; ②当隧道埋深较大时,可有效减小顶板上覆土厚度; ③在车道顶局部设置"折板",形成折板拱形结构,可减小顶板跨度,改善顶板结构受力,进而合理控制结构构件厚度。当隧道顶板跨度较大、顶板上覆土较厚时,可降低造价
不足	在相同竖向荷载作用下,顶板挠度较大,施工时,需预起拱	①构造较复杂,相对于矩形断面而言,施工难度较大; ②隧道横断面的结构外包高度相对增大,抗浮安全度降低,浅覆土区需增设抗浮措施; ③中隔墙上部凹槽位置长期积水,易发生渗漏

结合既有隧道工程实践经验和本工程实际情况,隧道暗埋段拟采用矩形箱涵断面,主要为单层多跨矩形结构,敞开段拟采用U形槽断面,如图2-2、图2-3所示。

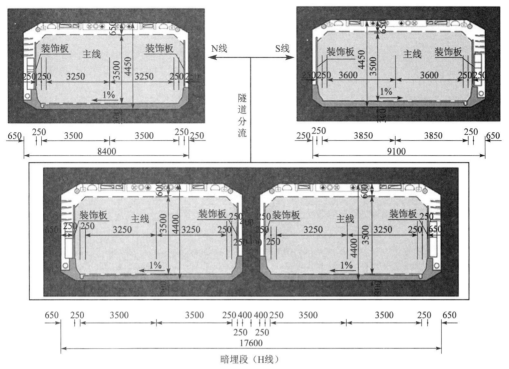

图 2-2 主线暗埋段标准横断面(尺寸单位:mm)

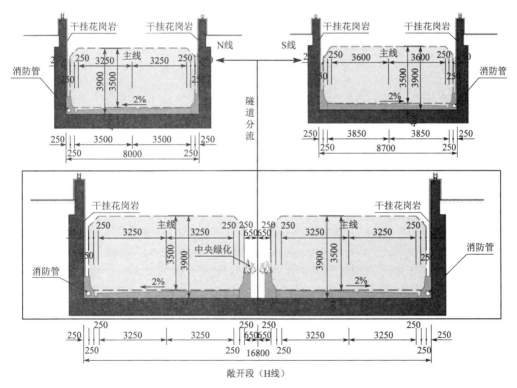

图 2-3 主线敞开段横断面图(尺寸单位:mm)

2.3.1.2 过河顶管段

根据论证结果,本隧道道路等级为城市次干路,根据交通流量分析,机动车道规模为机动车道双向四车道,隧道西线按照双向四车道规模布设,南北线按照单向两车道规模布设,单车道宽度按 3.25m 标准(小型车标准)执行,全线不设人非慢行通道,如图 2-4 所示。

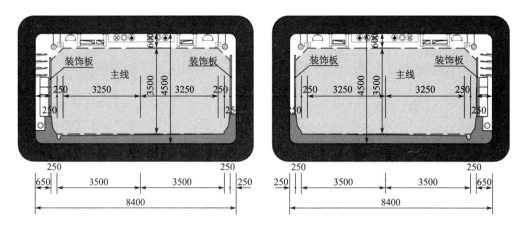

图 2-4 过河段顶管横断面示意图(尺寸单位:mm)

2.3.2 管节结构受力验算

2.3.2.1 主要设计原则及设计标准

①苏州市顶管项目的主要构件安全等级为一级($\gamma_0 = 1.1$);临时构件安全等级为三级($\gamma_0 = 0.9$);其他构件安全等级为二级($\gamma_0 = 1.0$)。

②苏州市姑苏区、高新区抗震设防烈度均为 7 度,结构按 7 度抗震设防烈度要求进行结构抗震承载能力、变形验算,并按 8 度设防采取相应的抗震构造措施;隧道主体结构抗震设防类别为重点设防类(乙类),抗震等级为二级。

③苏州顶管地下结构中露天或迎土面混凝土构件的环境类别为二 a、二 b 类,结构内部混凝土构件的环境类别为一类,地下结构背土侧结构的环境作用等级现浇结构为Ⅰ-C 类、预制结构为Ⅰ-B 类。

④顶管隧道裂缝宽度控制值,有自防水要求构件迎土面为 0.2mm,背土侧现浇结构为 0.2mm,背土侧预制结构为 0.3mm。

⑤施工阶段结构抗浮安全系数大于或等于 1.05;运营阶段不考虑地层侧壁摩阻力的结构抗浮安全系数大于或等于 1.05,考虑地层侧壁摩阻力的结构抗浮安全系数大于或等于 1.15。

⑥河道标准:本段设计航道等级为三级,设计航道底高程 -2.8m,底宽 70m(原底宽约 35m)。

⑦苏州市顶管隧道总体防水等级高于二级防水标准。隧道局部机电设备集中的区域,如

隧道的地下变电所等部位,防水等级为一级。

⑧隧道承重结构体的耐火等级为一级。

2.3.2.2 主要工程材料

(1) 混凝土

主体结构混凝土:现浇段隧道混凝土强度等级采用C40,抗渗等级为P8;顶管段隧道混凝土强度等级采用C50,抗渗等级为P8;永久结构钻孔灌注桩为水下C35混凝土。

隧道内防撞护栏、调平层混凝土:强度等级采用C30。

路面调平层混凝土:强度等级采用C30。

素混凝土垫层、充填混凝土:强度等级采用C20。

(2) 钢筋

采用HPB300级、HRB400级,材质应分别符合《钢筋混凝土用钢 第1部分:热轧光圆钢筋》(GB 1499.1—2017)及《钢筋混凝土用钢 第2部分:热轧带肋钢筋》(GB 1499.2—2018)的规定。

钢筋必须采用焊接或机械连接,如果采用焊接,则必须按施工条件进行试焊,合格后方可正式施作。焊接工艺及质量按《建筑钢结构焊接技术规程》(JGJ 81—2002)的有关规定执行。

抗震等级为一、二、三级的框架和斜撑构件,其主要受力钢筋采用HRB400E,钢筋的抗拉强度实测值与屈服强度实测值的比值不应小于1.25;钢筋的屈服强度实测值与屈服强度标准值的比值不应大于1.3,且钢筋在最大拉应力下的总伸长率实测值不应小于9%。钢筋强度标准值应保证不小于95%的保证率。

2.3.2.3 荷载组合和计算参数

本部分主体结构在运营期间承担全部外荷载。计算采用结构-荷载模式,结构计算模拟运营阶段的结构受力,按照最不利组合进行稳定、结构抗弯、抗剪、抗压、抗拉强度及裂缝宽度验算。配筋横向主筋间距采用100mm,纵向间距150mm。

结构设计时按照结构整体或者单个构件可能出现的最不利组合,依据相关规范进行计算,并考虑施工过程中荷载与结构体系变化情况分阶段计算,荷载组合与各荷载分项系数取值见表2-3。

荷载组合与各荷载分项系数　　　　表2-3

序号	荷载组合	永久荷载	可变荷载	偶然荷载	
				地震荷载	人防荷载
1	承载力极限状态 (基本组合构件强度计算)	1.35	1.50		
2	正常使用极限状态 (构件裂缝宽度计算)	1.00	1.00		
3	地震作用	1.2(1.0)		1.0	

注:基本组合构件强度计算组合,考虑结构重要性系数1.1。

计算参数的选择如下:

①隧道结构自重:钢筋混凝土重度 $\gamma = 25\text{kN/m}^3$,素混凝土重度 $\gamma = 22\text{kN/m}^3$。

②运营阶段隧道上部恒载考虑覆土的全部土柱重量,覆土重度 $\gamma = 19.5\text{kN/m}^3$。

③绿化带处地面活荷载标准值为 4kPa,道路处地面活荷载标准值按 20kPa 计算(局部可根据实际情况按 30kPa 计算),并考虑扩散后作用在地下结构上。对于覆土厚度特别小的地下结构,其地面超载则按有关规范的规定确定。

④水土压力荷载:施工阶段对于不透水土地层采用水土合算,对于透水性土地层采用水土分算的方法;运营阶段静止水土压力采用水土分算的方法。

⑤计算水位:地下水位按最不利取为绝对高程 +2.63m 及地面以下 0.5m 的较不利值。

⑥设备用房、泵房等特殊设备荷载根据附属专业提资。

⑦汽车荷载等级:城—A 级。

2.3.2.4　抗浮计算结果

验算结构的抗浮安全系数应满足下式的要求:

$$\frac{G + P_{\pm}}{F_{浮}} \geqslant 1.05 \tag{2-1}$$

式中:G——结构自重(包含隧道内铺装);

$P_{\pm}$——结构上方土压力;

$F_{浮}$——结构所受浮力。

计算结果表明,安全系数等于 1.408(大于 1.05),符合抗浮要求。

2.3.2.5　正常使用极限状态验算

正常使用极限状态下的弯矩、轴力和剪力均能符合安全要求,如图 2-5 ~ 图 2-7 所示。

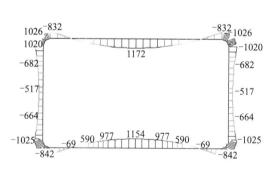

图 2-5　正常使用极限状态下的管节弯矩(单位:kN·m)

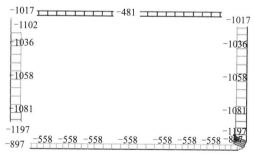

图 2-6　正常使用极限状态下的管节轴力(单位:kN)

2.3.2.6　承载能力极限状态验算

承载能力极限状态下的弯矩、轴力和剪力均能符合安全要求,如图 2-8 ~ 图 2-10 所示。

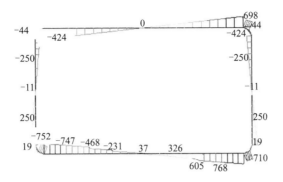

图 2-7　正常使用极限状态下的管节剪力（单位：kN）

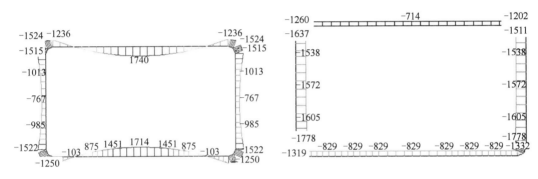

图 2-8　承载能力极限状态下的管节弯矩（单位：kN·m）　　图 2-9　承载能力极限状态下的管节轴力（单位：kN）

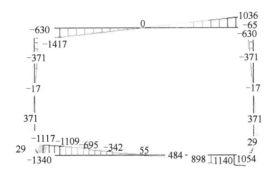

图 2-10　承载能力极限状态下的管节剪力（单位：kN·m）

2.3.3　大断面管节优化设计与验算

根据论证结果确定顶管横断面外尺寸为 9.8m×5.9m，管节壁厚为 0.7m，内尺寸 8.4m×4.5m，管节长度 1.5m。受净空等因素控制，胥涛路隧道顶管管节在 9.8m 宽度的基础上，管节厚度最大只能做到 70cm。

参考《给水排水工程埋地预制混凝土圆形管管道结构设计标准》（T/CECS 143—2022）中的计算方法，假设覆土高度为 4.5～10m，计算得大断面矩形管节的配筋率为 43%～60%。考虑管节厚度为70cm,相对于管节断面较小,为了满足受力与耐久性的要求,适当提高了管节的配筋率。

管节设计为闭口箍筋,但是在调研中发现闭口箍筋在施工过程中加工较为困难,严重影响工期。因此,在保证胥涛路隧道大断面管节箍筋不影响管节整体受力的情况下,对箍筋布置进行了整体优化。

同时,为了避免施工过程中定位插入困难,增加了管节预应力榫孔,这增加了误差空间,详见本书2.4节。

2.4 大断面管节预制

2.4.1 管节预制场地布置

2.4.1.1 管节预制场概况

考虑到本工程管节断面尺寸较大,不具备场外预制运输条件,因此管节考虑采取现场预制施工的方式进行生产。

管节生产线设在始发井及后靠背基坑北侧,以减少管节运输环节,保证管节在顶进施工期间及时供应。场地大小为120m×25m,管节预制区域安装跨径25m门式起重机1台,设置长120m门式起重机轨道。另在预制区域南侧结合矩形顶管施工设置跨径30m门式起重机1台,用于管节吊装及顶进施工。投入2套模板进行管节预制施工,单节预制场地大小为13m×15m,管节预制工效为1节/d。单节管节存放占地面积为$60m^2$(9.8m×5.9m),采用3节叠放方式,共计可存放60节管片。

管节预制生产区按工序分为材料堆放区、钢筋加工成型区、预埋件堆放及加工区、管节成型及养护区、管节翻转整修区、管节喷淋养护及堆放区。

2.4.1.2 管节设计概况

顶管管节断面尺寸为9.8m×5.9m,壁厚700mm,内径为8.4m×4.5m,管节长度为1.5m。管节钢筋采用HPB300及HRB400E钢筋,混凝土强度等级为C50,抗渗等级为P8。管节结构简图如图2-11所示。

根据管节使用部位不同,矩形顶管管节共分成首节、末节及标准节三种类型,N、S线共计需使用管节247节,其中首、末节管节各两节,其余243节均为标准节。

(1)首、末节管节

首、末节管节端部均设置预埋钢板一块。其中,首节管节钢板设置在管节顶进方向侧,末节管节钢板设置在管节顶进相反方向侧。各节管节设置预埋钢板共计20块,设置12路DN65预应力管路,管节端部预埋YM15-3预应力锚具。管节四周设置ϕ140mm管节吊装孔8个,预埋DN25mm注浆管12个。

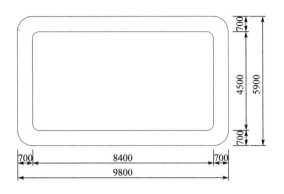

图 2-11 管节结构简图(尺寸单位:mm)

(2)标准节管节

管节在顶进相反方向设置钢承口套环,各节管节设置预埋钢板共计 40 块,设置 12 路 DN65 预应力管路。管节四周设置 φ140mm 管节吊装孔 8 个,预埋 DN25mm 注浆管 12 个。

2.4.1.3 预制场建设规划

预制场施工流程为:场地平整、硬化及轨道梁施工→轨道及行车安装→钢结构钢筋厂房安装→设备加工安装。

区域规划:预制场设置产品堆放及后养护区、产品浇筑区、钢筋加工区三个区域。

生产工艺布置规划:根据产品尺寸及生产工艺要求,对生产区域进行了紧凑型流水(材料、半成品、浇筑、成品形成单向流水)布置,以充分利用场地和提高工效。由西向东设置钢筋原材料存放区、钢筋下料及加工区、钢套环拼装区、钢筋骨架成型区、组模及混凝土浇筑区、产品存放及翻转区等。由于场地的限制,取消钢板的现场下料及加工区,改为场外加工成半成品后汽车运输到预制场。

2.4.2 大断面矩形管节预制

混凝土管片的生产工艺方案优化与选择是确保项目质量和进度计划实施的关键,为此,生产现场组织经验丰富的技术人员进行研究论证,结合管片重量大、工期紧的特点,采用固定带插入式振捣器的台座法生产工艺。

2.4.2.1 采用高精度组合钢模进行管节预制

标准管节通过采用定制高精度钢模进行立式振捣成型(钢承口向下),模具结构新颖,刚度好,精度高。内外模由四件侧模拼成,设中心支撑架对内模进行支撑,内模不用移位。通过内模四角收紧螺杆将内模收紧定位和松开拆模,拆装模具较快,操作方便,能做到产品外观完美无损,矩形框对角尺寸及构件各侧面垂直度和弧度尺寸误差极小。定制钢模如图 2-12 所示。

图 2-12　定制钢模

2.4.2.2　承插口钢环制作

承口钢套环加工需要采用专用弯曲加工机械设备，先将承口钢套环的四角弯曲成满足设计要求的弧形半成品，再通过特制的钢环组合将所有钢环定型加工焊接，达到钢环尺寸误差较小、安装变形小、预埋筋焊接牢固的良好效果。

2.4.2.3　钢筋骨架制作和入模

通过特制钢筋弯曲装置平台，将环形纵向和横向主筋弯成 U 形、转角半径及弧度满足设计要求的钢筋半成品，再通过特制钢筋骨架组装平台将所有主筋和箍筋组装成型，使得每节管节的钢筋定位准确、间距均匀。钢套环及钢筋骨架安装如图 2-13 所示。

图 2-13　钢套环及钢筋骨架安装

2.4.2.4　混凝土浇筑及养护

商品混凝土采用全自动搅拌站进行混凝土配料，采用螺旋搅拌车运输。管节在混凝土浇捣及上口面收水抹光结束后，及时盖上塑料薄膜，然后在模具外围罩上紧密不透气的帆布罩，帆布罩下边紧贴地面。帆布罩外侧顶部留有测温孔，测温仪随时监测混凝土表面温度。采用燃气蒸汽锅炉加热进行蒸汽养护。

2.4.3 顶管始发前储存管节数量推算

根据本工程顶管施工情况,推算顶管始发前应储存管节数量。假定顶管通道管节总数为 N,始发前需储存管节数量为 A,顶进施工效率为 m,管节生产效率为 n,管节下井顶进前混凝土龄期按 28d 考虑,据此推算顶管始发前需储存管节数量计算公式如下:

$$A = N - (N/m - 28) \times n \tag{2-2}$$

2.4.4 大断面矩形管节预制技术研究

矩形顶管管节因空间使用率高、覆土浅、适用工程种类多等优点,逐渐成为顶管管节主要的截面形式。矩形顶管管节生产主要在钢制模具内浇筑混凝土振捣、养护而成,模具的安装便捷、牢固稳定性以及脱模方式影响着管节生产周期和成品质量。现有模具往往适用于中小断面管节,对于超大断面管节,面临着组装困难、效率低的问题,而且传统脱模方式为起吊外模和内模,脱模时间较长,若有操作失误还将导致外模与成品管节表面磕碰,造成质量问题。因此,亟须一种适用于超大断面的安装拆卸便捷高效、连接牢固、脱模过程不影响成品管节质量的管节现场预制装置。

针对现有技术的不足,本次预制管节研究采用一种安装拆卸便捷高效、连接牢固、脱模方式不影响成品管节质量的超大断面矩形顶管管节现场预制装置。该装置由全套组合钢模板组成,模板根据预制施工需要可进行拆分组装,全套组合钢模板包括底座、内模、内模固定架、外模、插口体,装置平面图如图 2-14 所示。预制装置内模、外模滑移式脱模不仅使得全套钢模板安装拆卸便捷高效,还会加快脱模速度,可解决传统脱模起吊外模和内模时由于人为操作失误造成的成品管节表面受损问题。

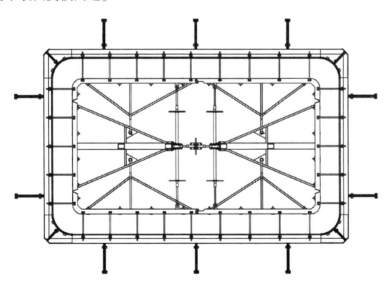

图 2-14 管节预制装置平面图

胥涛路隧道顶管管节在管节配筋、管节箍筋方面做了进一步优化。受管节净空等因素控制，胥涛路隧道顶管管节在9.8m宽度的基础上，管节厚度最大只能做到70cm。因此适当提高了配筋率，以满足受力与耐久性的要求。管节设计均为闭口箍筋，施工过程中发现加工较为困难，影响工期。因此胥涛路隧道管节箍筋在不影响管节整体受力的情况下，对箍筋布置进行了优化。同时，增加了管节预应力榫孔，这增加了误差空间，防止施工时定位插入困难。预应力管节布置大样图如图2-15所示。

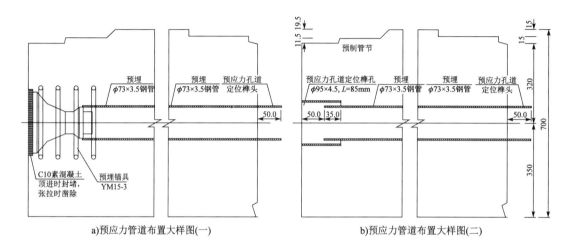

图2-15 胥涛路管节大样图（尺寸单位：mm）

2.4.5 预制管节施工问题调研及预防措施

2.4.5.1 管节承插口破损

实际工程中发现，预制管节脱模后，在承插口部位的第二道止胶台圆角处容易发生不同程度的破损，主要原因如下：①管节模具的平整度、光洁度不足；②管节生产过程的养护作业不到位；③脱模过程中，施工误差致使管节破损；④模板安装的垂直度、模板轨道的水平度控制不到位；⑤承插口位置的材料多为砂浆，浇筑后强度相对较低。

针对以上原因，提出如下措施：①根据管节破损区域，支模前仔细打磨凹槽位置，保证模板平整度；②封模前，涂敷玻璃胶隔离阴角位置，并按要求涂刷脱模剂；③在管节易破损部位加设钢筋，提高强度；④严格监测模板安装的垂直度和模板轨道的水平度；⑤对已破损管节使用同强度原料进行修补。管节缺陷处理情况如图2-16所示。

2.4.5.2 管节对接时止水条损坏

管节下井对接施工过程中，承插口止水条易受挤压导致变形或脱落，管节止水效果无法得到保障。主要原因如下：①现场使用的胶水黏性不足；②管节对接过程中角度控制不理想及送管轨道不平整，造成偏位挤压，导致止水条脱落。

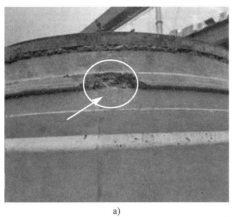
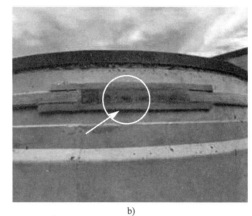

图 2-16 管节缺陷处理情况

针对以上原因,提出如下措施:①针对胶水黏结性不足问题,选择多组胶水进行黏性试验(图 2-17),最终采用氯丁酚醛胶黏剂粘贴止水条。②为避免 F 承插口止水条因对接挤压脱落,对防水条及钢环处进行涂油处理(图 2-18)。对接过程严格控制油缸行进速度,确保接口断面实现整体对接。③在 S 线始发井顶进准备的时候严格控制送管轨道的放置,保证管节顺利进入洞门,不会存在因高差问题导致偏位挤压从而造成止水条外翻,避免因对接角度偏差造成止水条损坏。

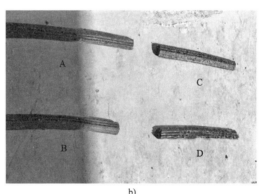

图 2-17 黏合剂试验比选

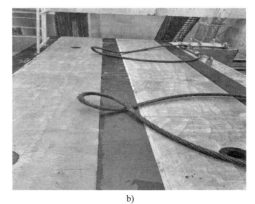

图 2-18 承插口涂油及整改效果

2.5 大断面矩形顶管装备的系统改造与功能升级

2.5.1 大断面矩形顶管掘进机的结构优化

本工程研发的矩形顶管机具有以下特点,能最大限度满足本工程的要求:

①顶管机土仓压力达到精准测控,满足穿越各类粉砂层、粉土层的地质条件。

②在前部土仓内配置了9个具有高灵敏度的压力传感器,并在铰接纠偏处设有全断面测定土压力装置,通过电气系统的 PLC(Programmable Logic Controller,可编程逻辑控制器)能将土仓内的土压力传送到操作台上的触摸显示屏显示,方便与设定土压力进行比较,调节螺旋机的转速,控制推进速度,使操作人员能很好地控制土压平衡,减少地面沉降。

③刀盘结构为辐条加刀圈式,便于刀具的布置及受力,结构坚固、强度高、刚性大、耐磨程度高,以适应本次南线和北线双段长距离顶进施工,刀盘开口率为55%~65%。

④刀盘的设计及刀具的配置选择及布局合理,具有足够长的寿命。

⑤刀盘驱动以及螺旋机均采用重载变频器控制,电机转速实现无极平滑调速,使刀盘具有较大的扭矩和可调转速,可适应不同地层的掘进需要。

⑥具有良好可靠的加泥、泡沫注入系统,用于开挖面、土仓及螺旋机中土体的改善。设有自动控制的膨润土及改良剂注入设备和管路,刀盘的主轴中心和辐条都有注浆口,能对开挖面的土体进行充分的改善,并且在土仓胸板上、人舱检修孔处及螺旋输送机上也设置若干个膨润土及改良剂的注入口。

⑦螺旋输送机采用有轴式,后部尾部处排土,设计双道闸门防止喷涌,且螺旋输送机前端叶片及前筒体堆有耐磨材料,抗磨性能优越。

基于以上7个方面的优化,新研发的矩形顶管机对本工程的适应性显著提升。

2.5.2 大断面矩形顶管掘进机系统设计

2.5.2.1 矩形顶管机的结构

JD9.8m×5.5m 矩形顶管机设备总质量约为320t,总长度为7.5m。整机共分为九大系统:刀盘切削系统、驱动系统、壳体系统、壳体铰接密封系统、液压纠偏系统、油脂润滑密封系统、土体改良及注浆润滑系统、螺旋机控制出土系统、电气控制系统。矩形顶管机结构如图2-19所示。

结构说明:顶管机前部是旋转切削的大、小组合式刀盘,工作时,在后方主推进油缸的作用下可以对开挖面双向(顺时针、逆时针)切削,在土层中通过安装在切削刀盘上的切削刀、刮刀、先行刀等刀具将开挖面上的土体切削下来送入土仓,然后与注入土仓中的添加材料搅拌后以塑流性土体的形式通过螺旋输送机排出。

安装在动力箱上的减速机及电机通过主轴连接于刀盘后端。顶管机壳体分为前壳体及后壳体。前壳体顶部有半圈弧形凹槽,为触壁泥浆加注槽;前壳体通过28台铰接油缸与后壳体连接,在铰接部分设有防水密封(铰接密封);铰接油缸均布在壳体四周,上下左右可在小角度范围相对运动,来改变顶管机前后壳体的夹角,达到调整角度纠偏的目的;在前壳体主板左右对称布置两台螺旋机,螺旋杆探出土仓,前端通过法兰与前壳体固定,后端通过刚性拉杆与前壳体锚固。

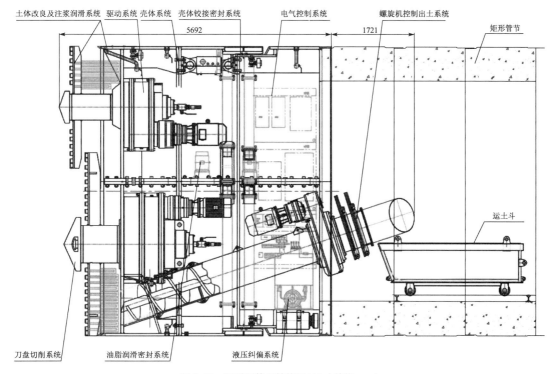

图2-19　矩形顶管机结构图(尺寸单位:mm)

顶管机的主要结构如上所述,其中土体改良系统、铰接与纠偏系统、密封油脂系统、电气控制系统等均设置于顶管机内部。以下对各系统功能做详细说明。

2.5.2.2　刀盘切削系统

根据本工程的地质情况,刀盘结构设计充分考虑粉砂地层、粉土层和粉质黏土层等软土地层的掘进要求,保证下穿京杭大运河时顶进安全。

①具有足够的刚度和强度,用于支撑开挖面和承受掘进中的推力及扭矩。

②合适的刀盘开口率(55%～65%),以保证渣土进入土仓的顺畅性。

③尽可能保证盘面上有足够的刀具数量、种类和耐磨处理,有效开挖,并且保证足够的寿命。

④刀盘配置较多的先行刀,提高主切削刀及刀盘整体的耐磨性。

⑤刀盘上合理配置改良剂注入口,保证改良剂均匀地注入开挖面。

⑥刀盘切削盲区的处理装置包括:全环面铲齿刀、锥形挤压板、高压冲水口。

(1)刀盘正面布置

采用大刀盘加小刀盘的组合切削形式,共设8只刀盘,沿轴向分级错开布置。其中,5只刀盘处于后方平面,3只刀盘布置在前方平面上。每个刀盘的辐条背面都设有搅拌棒,可有效搅拌土体。整个断面上刀盘的切削率和搅拌率均比较理想。根据多次实际工程案例总结的经验，这种设计对挖掘面土体的扰动最小，非常有利于挖掘面土体的稳定。大小刀盘直径共有5种规格：2 只 $\phi3750$mm 大刀盘、1 只 $\phi2700$mm 小刀盘、2 只 $\phi2600$mm 小刀盘、2 只 $\phi2500$mm 小刀盘、1 只 $\phi2380$mm 小刀盘，如图2-20 所示。

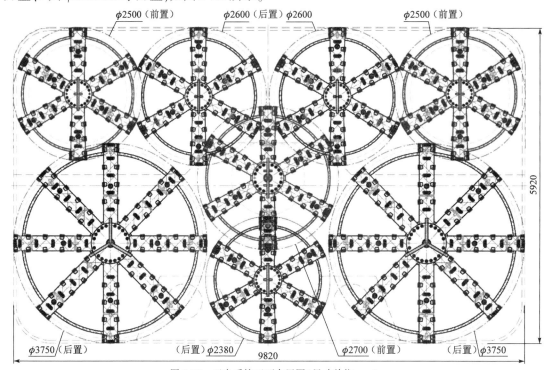

图 2-20　刀盘系统正面布置图（尺寸单位：mm）

前置刀盘共 3 只，分别是 1 只 $\phi2700$mm 小刀盘（位于顶管机切削截面正中间）、2 只 $\phi2500$mm 小刀盘（位于顶管机切削截面左上与右上），均位于顶管机泥土仓的前端。

后置刀盘共 5 只，分别是 2 只 $\phi3750$mm 大刀盘（位于顶管机切削截面左下与右下）、2 只 $\phi2600$mm 小刀盘（位于顶管机切削截面中上）、1 只 $\phi2380$mm 小刀盘（位于顶管机切削截面中下），均位于顶管机泥土仓的后端。

上述刀盘系统布置方案是能同时满足最大切削率和最佳搅拌率的刀盘布置最优解（切削率86.28%，搅拌率70.38%），能够满足本工程的掘进要求。

(2) 刀盘剖面布置

本顶管机刀盘的开口率基本控制在 55%～65%。考虑顶管机刀盘有前后重叠部分，为了使顶管机能顺利通过工作井和接收井的加固区，刀盘形式均采用辐条式，每只刀盘外侧都设计有外圈环板，这样可以加强刀盘体的整体刚度，同时更能在顶进过程中减小对土体的扰动。每个刀盘的辐条背面都设有若干搅拌棒，前置刀盘的搅拌棒长度短一些（735mm），后置刀盘的搅拌棒长度长一些（785mm），如图 2-21 所示。

(3) 刀盘切削与搅拌说明

整个断面总面积 57.83m²，刀盘总切削面积 49.9m²，切削率 86.28%。刀盘切削面积如图 2-22 所示。

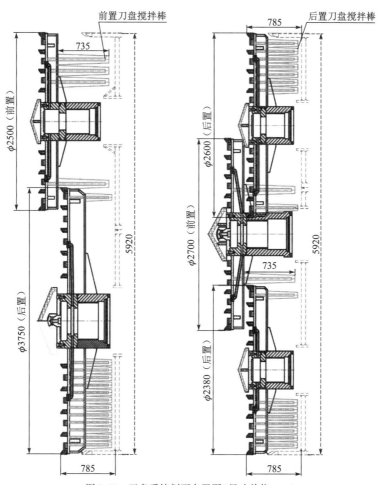

图 2-21　刀盘系统剖面布置图(尺寸单位:mm)

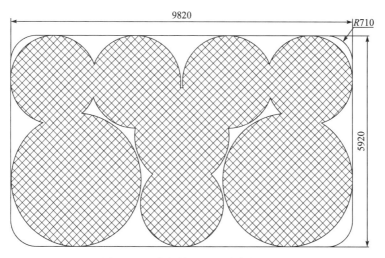

图 2-22　刀盘切削面积(尺寸单位:mm)

刀盘总搅拌面积40.7m²,搅拌率70.38%,如图2-23所示。

3只刀盘前伸,5只刀盘后缩,这种前后重叠的刀盘组合形式构成本台矩形顶管机的挖掘面,考虑下部还有两只螺旋机取土口,虽然有13%左右的切削盲区,但整个刀盘系统对切削下来的土体搅拌较为充分,使得盲区的不良影响表现不明显。而且设备针对盲区还有一系列辅助处理措施。

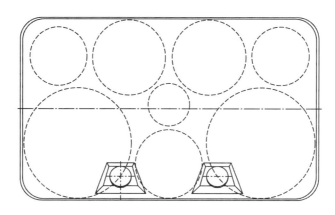

图2-23 刀盘搅拌面积

(4)刀盘切削盲区处理

刀盘切削盲区的土体挤压破坏,主要是由壳体前端环状布置的一整圈铲齿刀与锥形挤压板以及高压冲水注浆口来完成的,如图2-24所示。

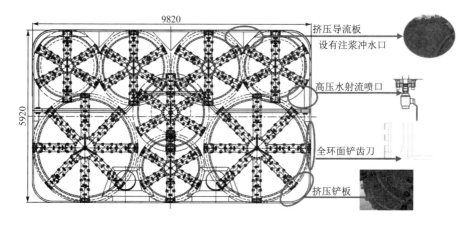

图2-24 盲区措施局部图(尺寸单位:mm)

(5)刀盘结构设计说明

根据本工程的地质情况,8只刀盘均采用辐条形式,共由均布的6根或8根辐条及外圈环板组成。这种设计可以有效控制开口率,同时又能实现较大的开口尺寸,使得切削下来的土体能顺利进入泥土仓。刀盘辐条背面安装有搅拌棒,在刀盘旋转时随着刀盘一起转动,可以对进入泥土仓的土体进行搅拌,配合刀盘辐条注浆孔和中心主轴注浆孔注入的浆液或泡沫对土体进行改良,使土体具有良好的塑性、流动性和止水性。

刀盘辐条数因刀盘直径增大而增加，2只φ3750mm大刀盘为8根辐条加外圈板，其余较小刀盘均采用6根辐条加外圈板。刀盘辐条采用箱形结构，对其强度和刚度方面有充分的考虑，辐条宽度均设在300mm左右，既能保证强度，又不会因过宽而增加局部困土，从而减少因困土过分挤压密实后造成的刀具和刀臂的磨损增加。

刀盘辐条上的注浆孔设有橡胶逆流防止阀（单向阀），以防止管路被泥砂堵塞，如图2-25所示。

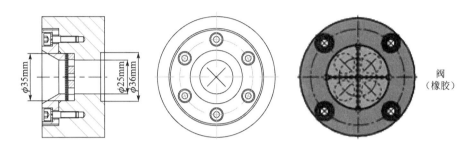

图2-25　刀盘注浆孔单向阀结构

(6) 刀具类型和刀具配置说明

切削刀具主要安装在辐条上，从内向外依次是中心刀、主切削刀、贝壳先行刀、周边切削刀和贝壳保径刀。刀盘可以顺时针或逆时针旋转对开挖面进行切削，对本工程中的黏土、砂层等土质都能很好地适应。

整个刀盘系统共配置了8把中心刀、356把主切削刀、186把贝壳先行刀、104把周边切削刀以及52把贝壳保径刀。中心刀[又叫鱼尾刀（图2-26）]，布置在每只刀盘的中心位置，有双刃或三刃，整体呈圆锥形，中心高、外侧低。中心刀的作用是在切削、搅拌中间区域那部分土体的同时，还要把这些土体挤得往四周扩散，让土体能顺利进入泥土仓。

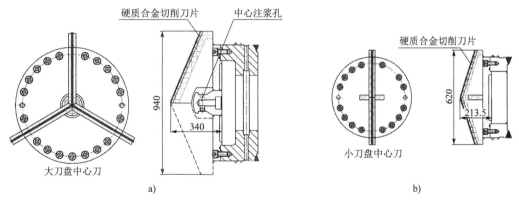

图2-26　中心刀（尺寸单位：mm）

主切削刀的数量是所有刀具中最多的，共有356把，布置也是最密的。主切削刀在辐条两侧对称布置（主切削刀高于刀盘面板90mm），承担刀盘主要截面土体的切削、剥离工作。每个切削轨迹上双向都布置有2把主切削刀。主切削刀的刀座体采用45号钢，外缘环面进行一圈耐磨堆焊,耐磨层厚度为3~4mm,硬质合金与刀体的焊接采用银基钎焊,焊缝剪切强度大于或等于240MPa。主切削刀见图2-27。

贝壳先行刀焊接于辐条中间,在刀盘上布置轨迹呈螺旋形。先行刀比主切削刀超前(先行刀高于刀盘面板98mm,比主切削刀还要高出8mm),切削时先接触土体,对土体进行切割、分块,为主切削刀创造良好的切削条件,以减轻对主切削刀及面板的磨损。长距离顶进时,合理设置先行刀会增加切削土体的流动性,降低刀盘的扭矩,提高刀具的切削效率,减小切削刀具的磨耗。贝壳先行刀见图2-28。

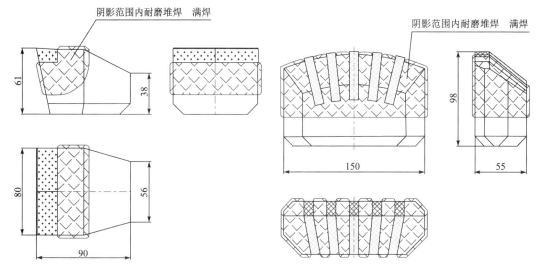

图2-27 主切削刀(尺寸单位:mm)　　图2-28 贝壳先行刀(尺寸单位:mm)

本工程刀盘刀具设计充分考虑长距离顶进,并且要通过工作井与接收井的加固区,所以配置了数量较多的贝壳先行刀,共186把。刀具既具备较高的硬度来抵御磨损,又有足够的韧性来吸收砂粒和加固区土体的冲击。

周边切削刀焊接在主切削刀的边缘,在刀盘外圈环板表面,用于切削刀盘边缘土体。周边切削刀是决定成孔直径的刀具,也呈对称布置,具有扩径和把刀盘边缘的土体扒进土仓的功能。其结构图与主切削刀类似。

贝壳保径刀焊接在刀盘辐条的外侧,在刀盘外圈环板边缘,其作用与先行刀相似,除了切割土体外,还有助于减少土体对周边切削刀和外圈环板的磨损。其结构图与贝壳先行刀类似。

(7)刀盘、刀具的抗磨损性能与措施

为了减小在长距离顶进过程中土砂对刀盘和刀具的磨损,结合本工程的特点,刀盘和刀具相应部位均设置有网格状、耐磨且强度较高的耐磨堆焊。耐磨堆焊采用专用的耐磨药芯焊丝,焊后无裂纹、不脱落,与母材焊接均要求线条顺直、坚固、美观。所有焊缝都需经过探伤检验,并应符合设计要求及验收规定。

具体耐磨堆焊的部位,如刀盘面板外周、搅拌棒、刀盘边缘板和外周边刀座等处,如图2-29~图2-31所示。

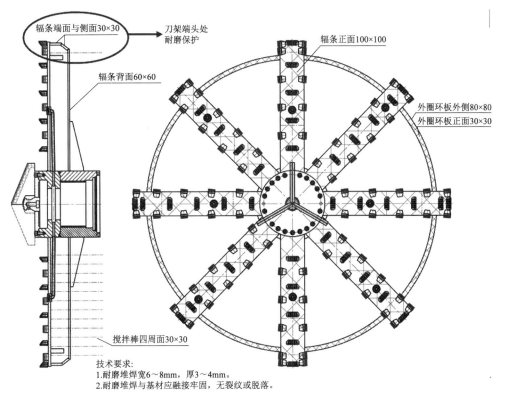

图 2-29　大刀盘（φ3750mm）耐磨堆焊示意图（尺寸单位：mm）

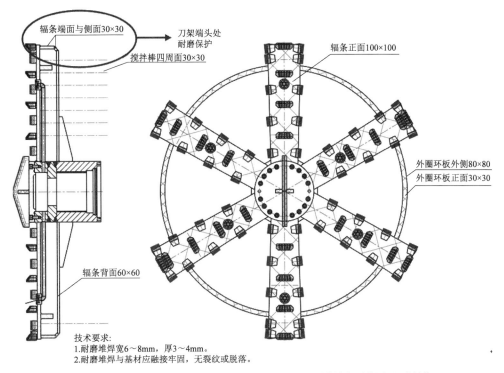

图 2-30　小刀盘（φ2700mm、φ2600mm、φ2500mm、φ2380mm）耐磨堆焊示意图（尺寸单位：mm）

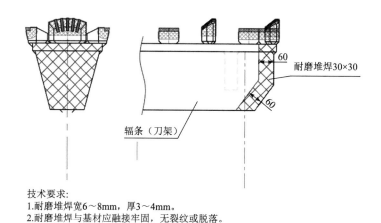

技术要求:
1. 耐磨堆焊宽6～8mm,厚3～4mm。
2. 耐磨堆焊与基材应融接牢固,无裂纹或脱落。

图2-31 刀盘辐条端部耐磨堆焊示意图(尺寸单位:mm)

①加强对刀盘表面的耐磨保护:在刀盘辐条正面、辐条背面、辐条侧面和端面加焊网状耐磨层,尤其是在辐条端面,堆焊宽6～8mm、高3～4mm的耐磨保护条,增强其耐磨性能;在刀盘外圈环板正面和外侧面加焊网状耐磨层。

②加强对刀具的耐磨保护:对所有刀座的本体进行耐磨堆焊处理;切削刀和周边刀采用大块合金设计,合金刀块焊接工艺采用银焊而非铜焊,使得焊接面更加牢固。

2.5.2.3 壳体系统

壳体外形尺寸为9820mm×5920mm,比管节大20mm。整体采用Q345B锰板焊接而成,具有足够的耐土压、水压的强度和刚度。采用中间支撑梁设计,可有效防止壳体变形。

(1)壳体分块优化设计

顶管机壳体分为前壳体和后壳体,前后壳体间以铰接系统连接。前壳体又分为前壳体1和前壳体2两部分,以螺栓连接。为便于运输,前后壳体都可拆分为上下两半,减小单件运输尺寸及重量。共优化设计为6块,见图2-32。

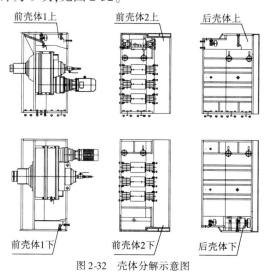

图2-32 壳体分解示意图

在壳体上设置了支撑防变形装置,在壳体焊接、加工、运输、施工过程中,支撑装置在防止壳体变形、确保壳体尺寸精准方面起到了关键作用,保证其具有很高的强度和刚度。支撑采用 200mm 的矩形管,支撑之间采用螺栓连接方便拆装,见图 2-33。

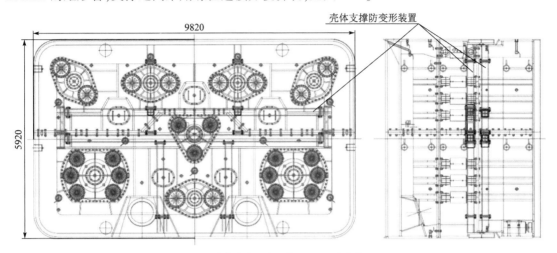

图 2-33　壳体支撑防变形装置图(尺寸单位:mm)

(2) 前壳体 1

前壳体 1 的主板和切削刀盘之间构成一个泥土仓区,用于堆积刀盘切削下来的渣土,通过主推进油缸及螺旋机的配合排出渣土,对土仓内土压力进行控制,实现土压平衡,维持开挖面上土体的稳定,如图 2-34、图 2-35 所示。

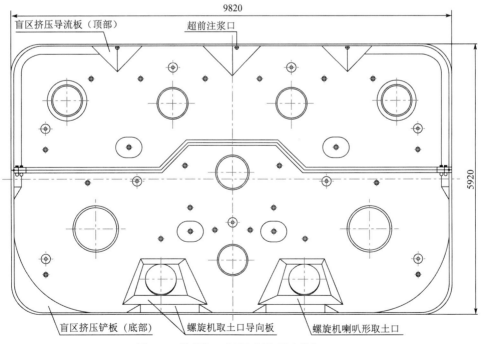

图 2-34　前壳体 1 正面示意图(尺寸单位:mm)

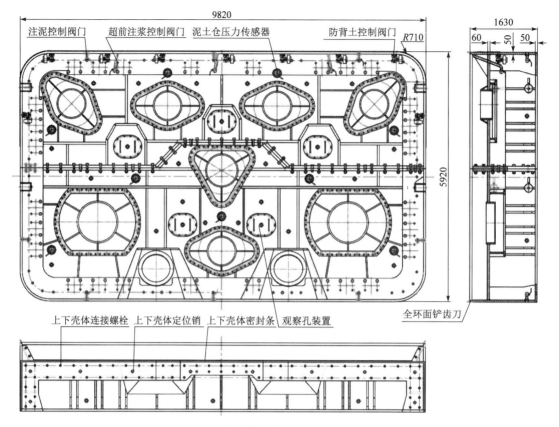

图 2-35 前壳体 1 结构图(尺寸单位:mm)

前壳体 1 上各装置的功能描述如下:

①注泥孔:共 10 处(编号 1~10),顶部和底部各 3 处,左右两侧各 2 处,通过注泥系统可以辅助调整机头姿态,如图 2-36 所示。

②土压力传感器:共 9 处,布置在主板上,顶进中能及时反映土仓内的压力状况,使操作手在掘进过程中能够根据事先设定好的土压力很好地控制地面沉降和隆起,如图 2-37 所示。

③观察检修孔:主板上 5 个,以便在需要时可以对泥土仓进行观察、检修,如图 2-38 所示。

④注浆孔:共设置了 34 处,可用于注入各种土体改良剂和高压水。壳体顶部 7 处(编号 1~7),壳体上部左右各 1 处(编号 8、9),主板 25 处(编号 10~34),如图 2-39 所示。壳体上部外周的注浆孔是为了防止产生"背土效应",减小顶进阻力;而主板上的注浆孔是为了改良泥土仓内的渣土。

⑤盲区处理装置:在顶部盲区处,对应设置 3 块盲区挤压导流板,通过挤压引导土体向下流动。每块导流板上都设有 1 个超前注浆口,可注入高压水和改良浆液,如图 2-40 所示。

在左右底角的盲区处,对应设置 2 块方向相对的盲区挤压铲板,把土体挤压铲向 2 个螺旋机取土口。铲板上方也各有 1 个注浆孔,可注入高压水和改良浆液,如图 2-41 所示。

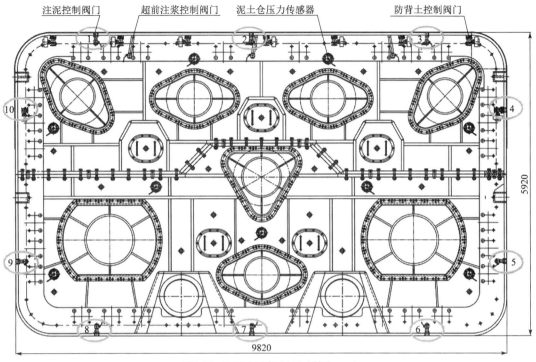

图 2-36　注泥孔示意图(尺寸单位:mm)

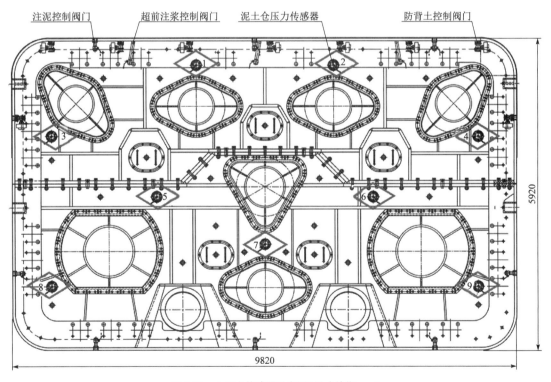

图 2-37　土压力传感器示意图(尺寸单位:mm)

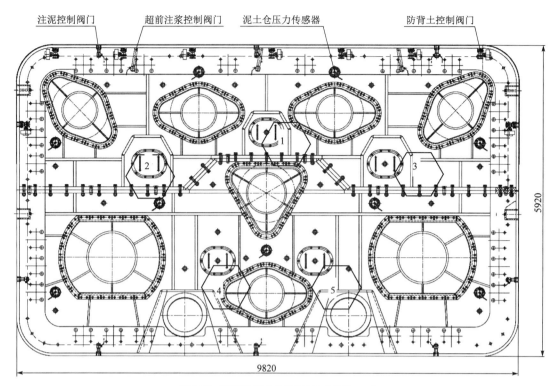

图 2-38 观察检修孔示意图(尺寸单位:mm)

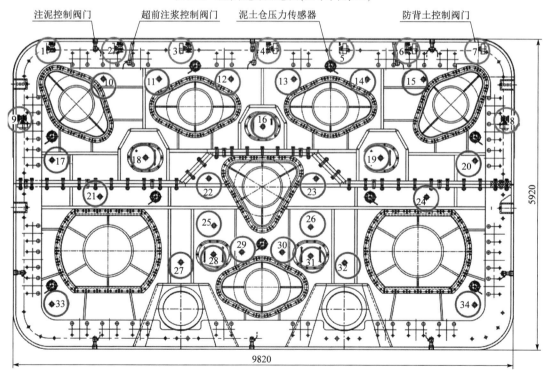

图 2-39 注浆孔示意图(尺寸单位:mm)

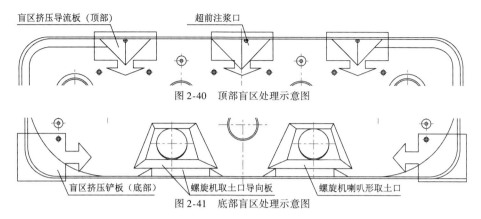

图 2-40 顶部盲区处理示意图

图 2-41 底部盲区处理示意图

前壳体 1 除以上设置以外,另外还布置了刀盘驱动系统的安装座以及左右螺旋机的安装孔。前壳体 1 后端的环板上有近似均布的螺栓连接孔,孔的位置与前壳体 2 前端环板的螺栓连接孔位置一一对应,保证前壳体 1 和前壳体 2 连接的准确性和稳定性。考虑吊装运输,前壳体 1 可在水平中线处分为上下两部分,分体处以法兰面螺栓连接,使用剪力销传递剪力。上下壳体结合面用 20mm×15mm 方形密封条密封。

(3) 前壳体 2

前壳体 2 的后端圈板与铰接系统相连接,安装有纠偏油缸。考虑吊装运输,前壳体 2 同样分为上下两部分,分体处以法兰面螺栓连接,使用剪力销传递剪力。上下壳体结合面用 20mm×15mm 方形密封条密封,如图 2-42 所示。

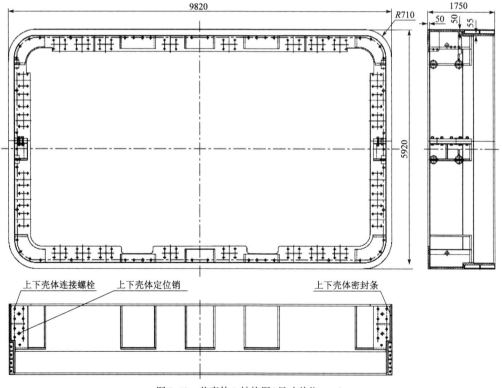

图 2-42 前壳体 2 结构图(尺寸单位:mm)

（4）后壳体

后壳体是矩形顶管机壳体的最后部分，其前端通过铰接系统与前壳体2相连，尾部则紧连钢筋混凝土管节。壳体尾部上下共设置了4台脱管油缸，在施工最后脱离钢筋混凝土管节时使用。后壳体承担着传递顶力、为铰接系统纠偏提供支点的作用，在功能上比前壳体要简单。后壳体的前伸部分与前壳体2的后端伸出部分彼此搭接，该处安装铰接系统中的铰接密封，铰接密封含有两道双鸟形密封止水圈。后壳体另外还设有铰接密封润滑油脂注入孔、注浆减摩注浆孔、注泥孔。后壳体可在水平中线上分为上下两块，如图2-43所示。

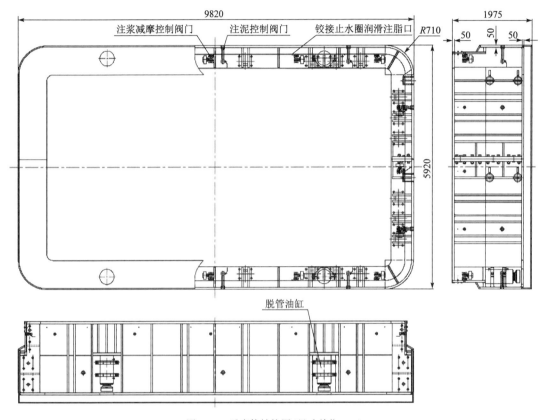

图2-43　后壳体结构图(尺寸单位：mm)

2.5.2.4　壳体铰接密封系统

壳体铰接密封系统组件包括铰接密封止水圈、密封圈卡槽及润滑油脂注入口，如图2-44所示。

铰接装置是将本机的前壳体与后壳体用28台200t纠偏油缸连接成一个整体，通过纠偏油缸在小角度范围内相对运动改变前后壳体的夹角，达到调整矩形顶管机与隧道轴线夹角的纠偏目的。通过纠偏油缸的动作，能在上下、左右方向上调整矩形顶管机的弯曲角度。

图2-44中，左侧为前壳体2，右侧为后壳体，纠偏油缸两端的油缸座分别与前后壳体环形法兰相连接。在前后壳体的承插式连接处安装有2道双鸟形齿形密封圈，用卡槽固定，以防止土砂、水等浸入。铰接密封圈之间有集中润滑系统加注油脂，起到润滑和止水的作用。铰接密封圈的安装部位需精加工以保证壳体的密封性能。

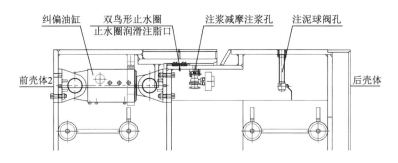

图 2-44　铰接装置结构示意图

齿形密封圈结构和安装形式如图 2-45 所示,其具有密封效果好、寿命长等优点,在 0.5MPa 工作压力状态下都具有良好的密封功能。

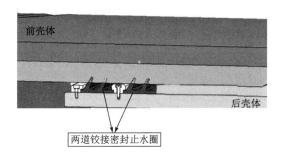

图 2-45　铰接密封止水圈示意图

2.5.2.5　液压纠偏系统

液压纠偏系统由纠偏油缸、纠偏液压站以及液压控制阀与管路等组成。它集成了纠偏、快速脱管及螺旋出土机闸门开关三大功能。

(1) 纠偏功能

纠偏功能就是在顶进过程中,若出现轴线偏离一定角度,则使用纠偏油缸进行纠偏,以纠正矩形顶管的姿态。纠偏油缸布置在前后壳体铰接段,可用于水平、垂直纠偏。

本机共有 28 台纠偏油缸,每台纠偏油缸推力为 2000kN,纠偏总推力为 56000kN,纠偏油缸最大行程为 200mm,最大纠偏角度为上下 ±2.4°、左右 ±1.26°,纠偏油缸行程可通过行程传感器在操作台上显示。

纠偏液压站包括油箱、液位计、液温计、空气滤清器、吸油过滤器、高压油泵、联轴器、电动机、单向阀、压力传感器、先导溢流阀、电磁换向阀、液压锁、纠偏控制阀块和纠偏分路阀块、脱管控制阀块、螺旋出土机闸门控制阀块等部件。其采用的高压油泵为轴向柱塞泵,额定压力为 31.5MPa,工作压力一般调定在 25~28MPa。安装在阀板上的溢流阀为先进的叠加式先导溢流阀,与电磁换向阀组均采用日本进口油研品牌,性能稳定可靠,泄漏少、振动小、噪声低。为了确保在纠偏过程中纠偏油缸的行程保持不变,在每组纠偏油缸中均安装了液压锁。同时又为了保证受到较大推力或纠偏力时 28 台纠偏油缸仍能正常工作,本液压回路中还设有保护性的阀,确保操作安全可靠。另外,还集成了脱管控制阀块、螺旋出土机闸门开与关的控制阀块。纠偏系统示意图如图 2-46 所示。

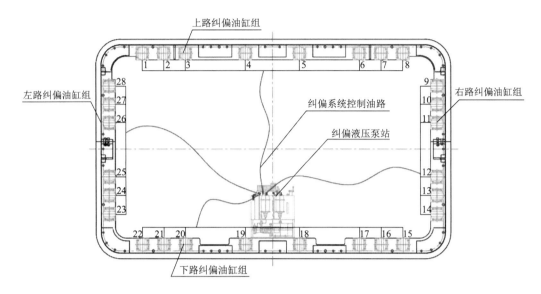

图 2-46　纠偏系统示意图

28 台纠偏油缸分为 4 路(上、下、左、右),纠偏液压站电机功率为 22kW,额定压力为 31.5MPa,纠偏液压泵流量为 0～35L/min,采用先进的变频控制,液压泵流量可调节。纠偏液压原理图如图 2-47 所示。

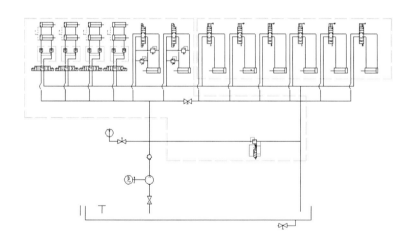

图 2-47　纠偏液压原理图

矩形顶管纠偏的原则为勤纠、微纠和看趋势进行纠偏。

(2)快速脱管功能

当顶段施工完毕,为了实现矩形顶管机与紧跟在后面的矩形管节快速分离,提高工作效率,避免对管道洞口和管节造成一定的损坏。本机共有 4 台脱管油缸,每台脱管油缸推力为 2000kN,总脱管力为 8000kN,脱管油缸最大行程为 350mm。快速脱管液压控制图如图 2-48 所示。

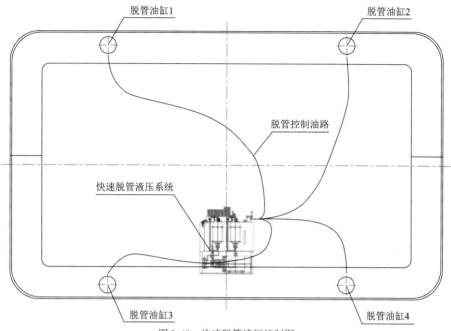

图 2-48　快速脱管液压控制图

(3) 螺旋出土机闸门开关功能

纠偏液压站安装在两个螺旋出土机之间,控制螺旋出土机双道闸门的开启和关闭(图2-49),还配置有两个蓄能器。纠偏液压站布置采用标准的开式系统,其外形如图 2-50 所示。

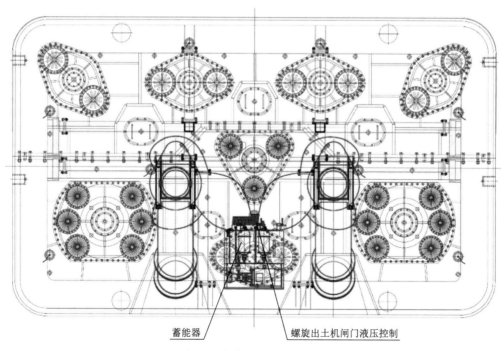

图 2-49　螺旋机出土闸门控制图

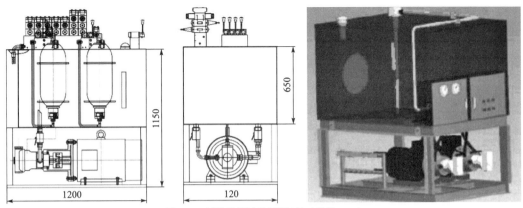

图 2-50　纠偏液压站外形图(尺寸单位:mm)

2.5.2.6　油脂润滑密封系统

油脂润滑密封系统主要用于将刀盘驱动箱体内部结构与外部多渣、多水的复杂环境隔绝,为刀盘驱动内部的主轴承、传动主轴、齿轮等部件提供良好的运行环境,是刀盘正常工作的重要保证。刀盘驱动使用时一部分处于土仓中,另一部分处于顶管机内部,为隔绝外部泥水在驱动工作时渗入主轴内部,刀盘驱动中均设计有迷宫密封和齿形密封,以迷宫密封阻挡大颗粒杂质,以齿形密封阻挡泥水渗透。齿形密封的安装位置连通油脂注入管路,在工作时可以向润滑面压注油脂,形成带压力的密封油膜来阻挡泥水,能耐 0.5MPa 的压力。驱动主轴密封油脂注入示意图如图 2-51 所示。

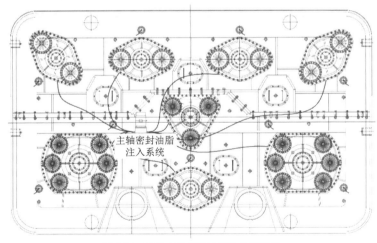

图 2-51　驱动主轴密封油脂注入示意图

前后壳体的铰接部分安装有两道铰接密封,并在整个密封环路上均布有密封油脂加注孔,在密封圈的沟槽间形成带压力的油膜,不但能对结构的前后运动起到润滑作用,而且可以更好地阻挡泥水渗透。铰接密封油脂注入示意图如图 2-52 所示。

将密封、润滑油脂管路合成一个整体,通过阀门、压力表、油脂泵和 PLC 电脑程序对其进行运作和自动控制,这就是油脂润滑密封系统。整合后可以直接在中控室实现对顶管机各处油脂加注的稳定控制,实现自动注油脂模式与人工手动注油脂模式双结合双保险,使操作更加简便、安全。

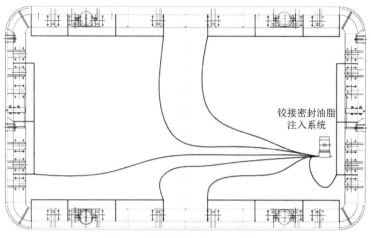

图 2-52　铰接密封油脂注入示意图

2.5.2.7　土体改良及注浆润滑系统

该系统主要由矩形顶管机正面的高压冲水、注浆和注泡沫的土体改良系统以及机身四周和管节外部的触壁泥浆加注系统组成。

(1) 土体改良系统

顶管机配置膨润土和泡沫两套改良系统，可单独使用，也可同时使用。刀盘的主轴中心孔以及每根辐条上均布置渣土改良孔，掘进过程中，通过管路将渣土改良剂送至土仓改良土体。

顶管机正面为保证被刀盘切削的土体能顺利地搅拌均匀并由螺旋机排出，必须在刀盘切削搅拌过程中不断加注水或泡沫。加水能使含水率低的土体变为湿润软土，加泡沫能改善土体间的黏结力与摩擦力，增加土体的流塑性，使螺旋机更易出土。刀盘两路注浆管路图如图 2-53 所示。

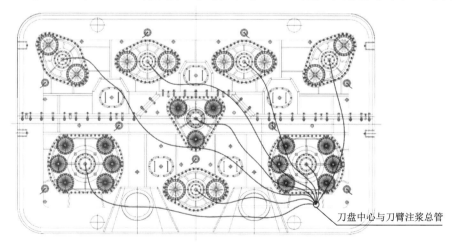

图 2-53　刀盘两路注浆管路图

泥土仓主板上共有 25 个加注孔，上下分层次分布，用于改良泥土仓的切削土体（图 2-54）。同时，主板顶部还有 3 根前伸至泥土仓前端的超前注浆注水孔，用于冲洗 3 只前置刀盘，防止其结泥饼，并起到以水冲击来软化泥土的作用。正面注水注泡沫系统由数台注水泵及发泡机进行供给,并安装有流量计,可以实时监测管路出口是否堵塞,以便采取清堵措施,保证土体改良的顺利进行。

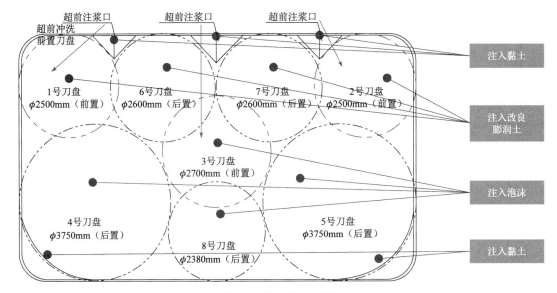

图 2-54　泥土改良示意图

(2)壳体注浆润滑系统

矩形顶管机壳体四周的触变泥浆加注孔从前后壳体铰接位置的区域开始环状布置,注入到壳体铰接外围的泥浆能在机身四周形成均匀的泥浆套,避免机身与土体直接接触,减小摩擦阻力,使顶进更加顺利,如图 2-55 所示。前壳体前端正好有防背土的触变泥浆压注槽,其钢套环位于矩形顶管机上半部,因尺寸等于切削轮廓,可以很好地堵住刀盘的切削平面,防止润滑泥浆向前流入土仓造成损耗。形成泥浆套的泥浆均需提前进行特别配制,保证在长时间状态下不会沉淀硬结,始终保持稳定的润滑性能。

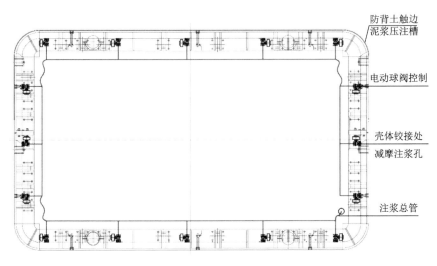

图 2-55　壳体减摩注浆图

壳体铰接处的注浆润滑减摩,其所有注浆孔均由电气系统自动控制,实现自动同步注浆功能。同步注浆的目的是在设备掘进的同时及时填充开挖间隙形成泥浆套,要求边掘进、边注浆,注浆点的开关由 PLC 程序控制电动球阀来实现,压力控制在 100000～150000Pa。手动控制模式时,可通过控制台人工操作来选取注入的点以及注入的时间。自动控制模式时,采用压力与时间联合控制。同步注浆形成的泥浆套会随着时间有一定的水分流失,为防止造成泥浆固化,需要定期补充注入浆液,维持泥浆套的完整性。停机较长时间后,顶进前需再次进行补浆。要坚持"先压后顶,随压随顶,及时补浆""同步注浆为主,补浆为辅"的原则。实际顶进时,可根据顶推力的变化情况实时补浆。

2.5.2.8 螺旋机控制出土系统

螺旋机控制出土系统由左右对称布置的两台螺旋机构成,相距 3.2m。其主要由筒体、螺杆、耐磨叶片、出泥口与驱动系统组成。筒体上配备检修窗和备用的注浆改良点。

螺旋机选用有轴式,筒体直径 $\phi670$mm,每台螺旋机的最大出土量为 92m³/h,螺旋机变频转速为 0～9.6r/min,电机功率为 45kW,质量约 15t,如图 2-56 所示。

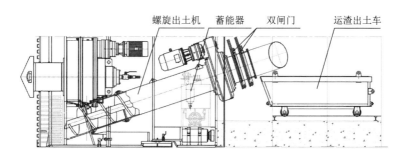

图 2-56 螺旋机系统示意图

考虑本工程下穿京杭大运河顶进,螺旋出土机设计采用双闸门控制,通过加注泥浆或高效聚合物,防喷涌、防涌水,同时配备蓄能器。在黏性土中防喷涌的主要办法是防止"泥饼"的形成。掘进过程中,通过管路将土体改良剂注入泥土仓,使土体中的颗粒和泥浆成为一个整体,连续从螺旋输送机排出,避免喷涌。

壳体是螺旋机的基础结构,各部件均与壳体连接安装,同时壳体又与顶管机前壳体装配,起到定位装配与支撑的作用。螺杆是螺旋机内部的螺旋回转结构,中心为传递扭矩的芯轴,环绕芯轴的是螺旋叶片。当螺杆旋转时,螺旋叶片不断压迫切削土,使其向螺杆的一端运动。针对此次长距离顶进,螺杆和螺旋叶片上堆焊网格耐磨焊,减少螺杆和叶片的磨损,延长使用寿命。出土口处设置了两道由液压油缸推动的闸门,在施工停止或紧急状态下可快速关闭闸门。螺旋机直接由电机减速机通过传动轴驱动螺杆旋转。

在螺杆与出土口的连接端安装着螺旋机的驱动系统,驱动系统由一台安装在箱体上的电机通过减速机带动小齿轮,再以小齿轮带动固定在螺杆上的大齿轮,从而驱使螺杆旋转出土,对于回转结构与固定结构间的缝隙,设计时使用了迷宫密封加两道齿形密封来阻挡泥水渗漏。

螺旋机能力计算如下：

由于顶管机的最大推进速度要求为 30mm/min，即每只螺旋输送机的最大排土量不得小于 $0.87\text{m}^3/\text{min}$。

设计的螺旋输送机驱动采用 45kW-4 极电机，并用 VVVF（变频调速系统），最大输出转速 $n=9.6\text{r/min}$，最大转矩为 60kN·m，螺杆叶片外径 $D=670\text{mm}$，芯杆外径 $d=180\text{mm}$，节距 $t=540\text{mm}$，叶片厚度 $b=45\text{mm}$。最大排土量 V 为：

$$V=(0.67^2-0.18^2)\times\pi/4\times(0.54-0.045)\times9.6=1.55(\text{m}^3/\text{min})$$

$1.55\text{m}^3/\text{min} > 0.87\text{m}^3/\text{min}$，故螺旋机设计能力足够满足要求。

2.5.3 大断面矩形顶管机的功能升级

2.5.3.1 开挖面土体改良措施

在顶进过程中，只有当泥土仓内的泥土具有较好的塑性、流动性和止水性这"三性"时，顶管施工才能顺利进行。遇有原始不良土层时，就需要对开挖面的土体进行改良。本顶管机设计采用土压平衡的工作原理，使用螺旋输送机排土，刀盘的主轴中心和辐条上均设有注浆通道，这样刀盘在旋转时就可以让土体改良浆液直接注入到挖掘面上，使土体改良的效果更好，如图 2-57 所示。

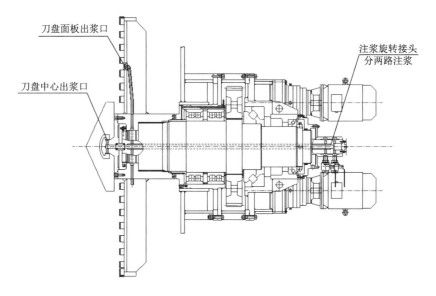

图 2-57 刀盘土体注浆改良示意图

2.5.3.2 开挖面上方切削盲区的处理

刀盘切削盲区的土体挤压破坏是由壳体前端呈环状布置一周的铲齿刀与泥土仓锥形挤压板来完成的。锥板上面还设有超前注浆管路，如图 2-58 所示。

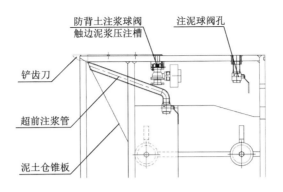

图 2-58 上方盲区措施局部示意图

2.5.3.3 全断面土压力测压装置

除了在泥土仓内设置了若干土压力表之外,顶管机还配备了全断面土压力测量及显示装置。由于本工程在浅覆土、下穿京杭大运河等较软土质条件下施工,加之矩形顶管机切削范围内不可避免有盲区存在,若用普通的隔膜式压力表或土压力传感器只能测得局部的土压力,无法得到整个开挖面的总体土压力。若以这些局部土压力作为土压平衡的控制土压力,就会发生控制土压力不是过高就是过低的危险,无法建立起精确的土压力来进行平衡。故顶管机采用了全断面土压力测量装置,如图 2-59 所示。

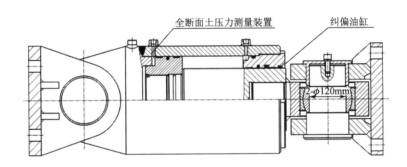

图 2-59 全断面土压力装置图

该测量显示装置是在顶管机的纠偏油缸尾部设有一个特殊的测压装置,它把所有纠偏油缸测得的压力通过计算机汇总、计算后,以顶管机全断面的土压力方式通过压力传感器显示在触摸屏上。在许多工程实践中已证明,只要把这个压力控制在设定的范围以内就可达到土压平衡,作为一种辅助手段或者装置,配合土仓内土压表,能够更有效地控制地面沉降。而且它的响应非常灵敏,后方主推进油缸一旦靠上顶进管节,触摸屏的土压力很快就会有变化。

2.5.3.4 注泥泵辅助纠正侧偏

在矩形顶管施工中,一般来讲,矩形顶管在均一的土质中是不容易产生侧翻现象的(即左右高低不一样)。但是,一旦产生侧翻现象是很难纠正的。如果一旦出现如图 2-60 所示的状况,除了采取在顶管机内高出来的一侧堆上铅块、钢锭外,使用套筒式注泥泵,就可以轻松地纠正矩形顶管的各种偏差,其中也包括侧翻。如图 2-61 所示,当顶管机在水平方向发生逆时针方向的偏转时,用注泥泵通过向预设在顶管机内左侧的注泥孔注入泥土,很快就能把它修正到正常状态。

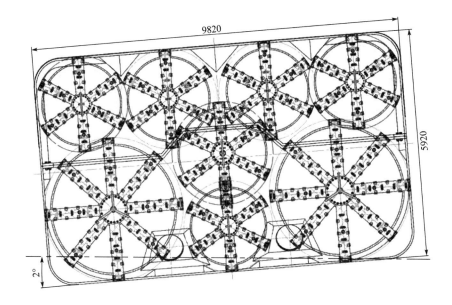

图 2-60 机头偏转侧翻示意图(尺寸单位:mm)

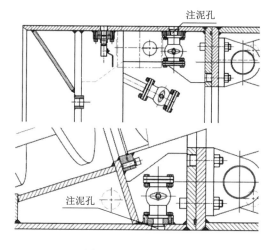

图 2-61 注泥孔示意图

注泥泵泵出的泥土几乎是不流动的(图 2-62),所以它有良好的支撑效果,不仅能纠正侧翻,而且也可用来纠正其他偏差。

注泥泵主要技术参数见表 2-4。

  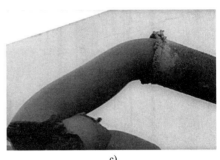

a)   b)   c)

图 2-62　注泥泵和出泥的稠度

注泥泵主要技术参数　　　　　　　　　　　　　　表 2-4

型号	项目	参数
DTYB3 单套筒式注土泵（带轮子）	理论送土量	$3m^3/h$
	理论送土压力（出土口）	6MPa
	水平输送距离	30m
	电机功率	22kW
	理论循环动作次数	5 次/min
	外形尺寸	4133mm×836mm×1281mm

对被送土体要求：黏粒含量大于 30%；含水率大于 30%。

套筒式土砂泵也可用于同步注泥以减小地面沉降，注泥系统示意图如图 2-63 所示，现场情况如图 2-64 所示。

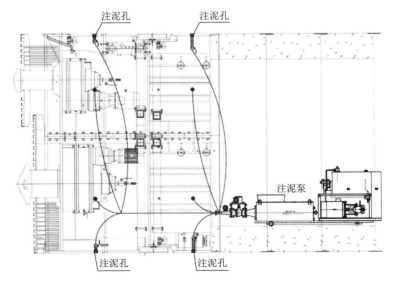

图 2-63　注泥系统示意图

这里有两个关键问题必须注意：一是在顶管机刚刚发生水平方向偏转时就须进行纠偏；二是纠偏注入泥土的含水率不能太高，含水率太高的泥土容易流走，没有较好的支撑作用，效果就不佳。除此之外，用同样的注泥方法还可以对矩形顶管机的高程及左右偏差进行修正，如

图 2-65、图 2-66 所示。如矩形顶管机偏低,可向预设在顶管机底部的注泥孔内注泥,顶管机就会慢慢地抬高。

图 2-64　注泥系统施工现场

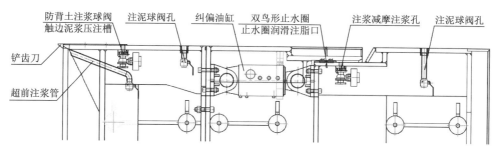

图 2-65　机壳上设置加泥孔(剖面)

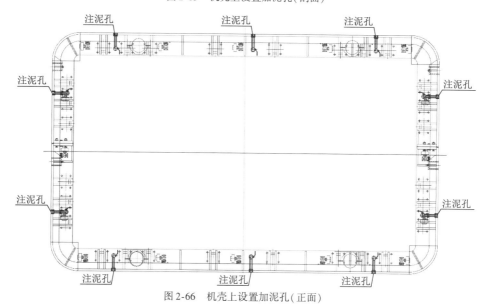

图 2-66　机壳上设置加泥孔(正面)

2.5.3.5　顶管机背土解决方案

矩形顶管尺寸较大,管顶近似是一个平面,而不是一个圆,即使在黏性土中它也不会形成土拱。于是,管顶土体几乎覆盖在顶管机和管节顶部。由于覆土较浅土拱无法形成,土流经过时所产生的后果有:一是管顶的土体随顶管机和管节一同前移,俗称为"背土",这会造成地面产生较大的沉降;二是减摩浆套不易形成或者遭到破坏;三是顶力急剧增加。

如图 2-67 所示,在顶管机前壳体上半部分设计有护板和注浆孔,通过电动球阀控制注浆孔注入浆液来防止该情况的发生。如图 2-68 所示,只要在顶进中不断向注浆孔注浆,浆液向外流出时形成的隔离层就能够阻止顶管机背土。

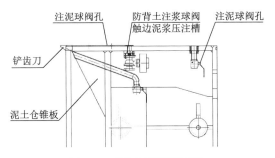

图 2-67 壳体前端设置注浆孔

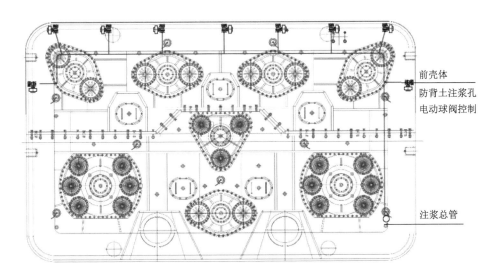

图 2-68 前壳体防背土注浆系统

2.5.3.6 主轴密封和主轴承

矩形土压平衡顶管机的刀盘、主轴等部件都比较重,若采用油尼龙、铜套等滑动轴承支承,在顶进不太长的距离后就会产生较大的偏心磨损,一旦滑动轴承磨损便会导致主轴密封圈损坏。采用承载能力大、安装精度高的重载滚动轴承设计。

主驱动总成前后采用 4 个滚动轴承来支承主轴和承受作用在刀盘上的轴向力,轴承设计最大正面土压力可高达 $500kN/m^2$。主轴采用组合密封形式(图 2-69),并可通过油脂注入管路向密封面上注 00 号锂基脂,有效减少密封圈和主轴的磨损。

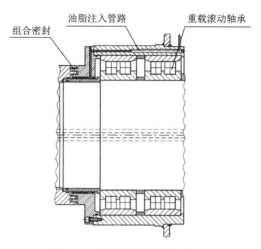

图 2-69　主轴密封与主轴承示意图

2.5.4　大断面矩形顶管的结构创新与智能化改造

2.5.4.1　基于"背土"控制的大断面矩形顶管机结构创新

现有的大断面矩形顶管机由于未考虑背土效应的发生,在顶推时往往会对周边原生土体造成剧烈挠动。考虑本工程断面大、覆土浅,且在京杭大运河松软河床下施工,背土效应难免会发生。因此,项目团队设计并研发了一种土压平衡矩形顶管机加注触变泥浆的防背土结构,以解决上述问题。

具体来看,土压平衡矩形顶管机加注触变泥浆的防背土结构,包括矩形沉槽、覆板以及电动球阀,矩形沉槽开设于矩形隧道的外边缘,且在外边缘位置处铺设有覆板。覆板的顶部等间距开设有若干个注浆孔,且注浆孔靠近矩形沉槽的一端皆安装有电动球阀,矩形隧道底部的一侧设置有注浆总管。注浆总管的一端接通导流管延伸至矩形沉槽的顶部,电动球阀的输入端皆通过分流管与注浆总管相互接通。

与现有技术相比,该技术具有以下两方面优势:

①通过注浆总管、导流管以及分流管向各个电动球阀处供送泥浆,然后依次经由等间距分布的注浆孔和环形结构的压注槽向覆板顶部外侧的触边腔中注入泥浆,用于减小周边原生土体的挠动,从而有效减小顶管机上方和侧面的摩擦阻力,尽可能避免发生背土现象。

②通过电动球阀自动控制注浆量,维持稳定的注浆减摩效果,同时通过数显单片机直观体现,从而增强该结构的实用性。

在此基础上,基于管-土相互作用的实际过程,提出了另一种抑制背土效应及其产生的高摩阻力的新型矩形顶管机。在传统矩形顶管机的基础上,设计了一种抑制管土接触、重构上覆土体自承拱结构并缓解背土效应的新型顶管机,利用其液压控制的可调节顶撑板和侧撑板减阻机构实现周围土体的早期支护,通过顶撑板和侧撑板的外置支撑功能实现挤压式超挖间隙设计功能,进而从源头上减小地层损失率。盾体包括液控扩孔控制系统,盾体的框架结构外围设有多套侧壁支撑机构及顶板扩孔支撑机构,可以有效缓解因管土接触摩擦而导致的高顶推力,有助于降低管节设计和始发井建设的高成本和高耗能,对于大断面、长距离矩形顶管的始发顶进等有实际意义。新型顶管机的结构如图2-70所示。

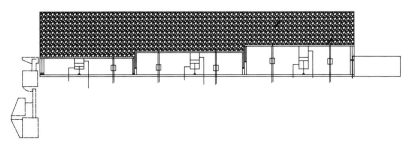

a)顶管机顶撑板液控扩孔支撑系统结构示意图

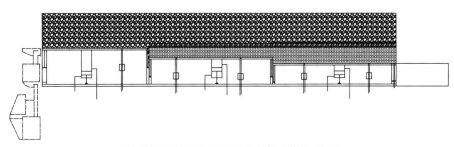

b)顶管机盾尾和盾中顶撑板注浆后机-土接触示意图

图2-70 抑制背土效应及其产生的高摩阻力的新型矩形顶管机

2.5.4.2 大断面矩形顶管防喷涌技术

防止喷涌造成的开挖面急剧卸压,需要根据顶进地层土体性质选择适合的土体改良剂:

①管道顶部为粉质黏土、粉细砂层,刀盘开挖很容易造成对砂层的扰动,而且浅覆土下进行泡沫改良时气泡很容易穿透顶部的砂层,击穿掌子面上方的覆土层,故上半部刀盘的注浆孔不宜选择注入泡沫,宜选择注入膨润土等改良剂。

②土体被开挖进入土仓后,可能会因流动性差堆积在底部,影响出渣,增大刀盘的扭矩,故下部刀盘的注浆孔宜选择注入泡沫、膨润土等改良剂,而底角两侧靠近盲区的刀盘的注浆孔宜选择注入黏土。

③顶部三处盲区锥板上的超前注浆口伸至泥土仓前端,用于冲洗三只前置刀盘,防止其结泥饼,不宜选择注入泡沫,宜选择注入黏土浆液。

基于上述土体改良措施,顶管机在工作时,渣土通过螺旋出土机传输到管道内部,然后通过传送带或者运输车,将渣土运送到地面上,但是由于地下环境复杂,螺旋输送机出土口出现喷涌或其他状况时,容易对设备造成损害,影响工作效率。

本工程局部穿越砂土地层,开挖面扰动容易造成砂土液化及螺旋出土机的喷涌失控,基于此,对螺旋出土机的结构进行了创新改造,提出了一种土压平衡矩形顶管机螺旋出土机的防断电防喷涌装置,以解决上述问题,如图2-71所示。

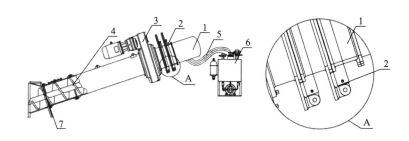

图 2-71　土压平衡矩形顶管机螺旋出土机的防断电防喷涌装置结构示意图
1-螺旋出土机主体;2-液压组件;3-闸门组件;4-螺杆;5-导线;6-蓄能池组件;7-连接板

为实现上述目的,提供如下技术方案:设计一种土压平衡矩形顶管机螺旋出土机的防断电防喷涌装置,包括螺旋出土机主体,螺旋出土机主体的内部安装有螺杆,螺旋出土机主体的一端连接有导线,导线的一端连接有蓄能池组件(图 2-72),螺旋出土机主体的另一端连接有连接板,螺旋出土机主体的外表面安装有闸门组件,螺旋出土机主体的外表面还设置有液压组件。闸门组件的内部连接在螺旋出土机主体的内部,当螺旋出土机主体出土口出现喷涌或其他状况时,能够通过闸门组件应急关闭螺旋出土机主体的出土口。

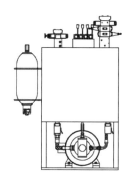

图 2-72　螺旋出土机防断电防喷涌装置中蓄能池组件结构示意图

与现有技术相比,该技术具有以下优势:

①通过设置闸门组件,当螺旋出土机主体的出土口出现喷涌或其他状况时,能够及时从闸门组件和螺旋出土机主体的连接处将喷涌物堵死,防止喷涌物从螺旋出土机主体的出口处喷出,造成不必要的损失和伤害,加强了实用性。

②通过设置蓄能池组件,能够对螺旋出土机主体和矩形顶管机进行防断电保护,避免由于断电引发不必要的麻烦,加强了实用性,增强了安全性。

此外,通过对国外大量螺旋出土机的研究分析,对现有螺旋出土机进行了进一步的结构优化,有效管理出土量以及防止喷涌。而且,该螺旋出土机配备有橡胶空气阀装置,能在螺旋出土机堵塞时进行调节,对大多数的矩形顶管工程都有较好的实用性,如图 2-73 所示。

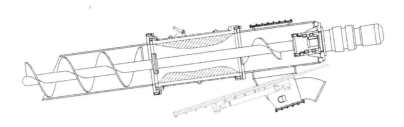

图 2-73　防喷防堵螺旋出土机示意图

2.5.4.3　大断面矩形顶管掘进的智能化改造

从国内外工程应用和研究进展的角度来看,矩形顶管掘进机的智能化改造对工程现场有一定意义。矩形顶管技术的核心在于矩形掘进装备。掘进装备的升级依赖于工程现场的需求,主要是维持掌子面稳定、控制地层沉降和抑制摩阻力。要从矩形顶管掘进装备的智能化改造来寻找解决对策。目前已经实现了远程操控、智能注浆,但装备整体的智能化协同水平还需要进一步提高。结合本工程实际,进行了以下智能化探索。

(1) 基于远程监控系统的土压平衡顶管机

该顶管机的监控系统包括传感器、控制器、电源、工业交换机和操作端,如图 2-74 所示。传感器采集顶管机本体的位置及工作状态数据并发生至控制器;控制器接收顶管机本体的位置及工作状态数据后通过工业交换机传输到操作端;电源为传感器、控制器、工业交换机及操作端供电;控制器还将顶管机本体的位置及工作状态数据利用无线网络通过数据联网设备上传至云端服务器,用户通过远程客户端访问云端服务器,读取顶管机本体的数据。

与现有技术相比,其优势如下:设置于顶管机本体上的若干传感器分别采取数据,从而确定顶管机本体各部件的磨损情况,控制器将上述数据传输至操作端,操作员根据这些数据对顶管机本体的运行参数进行及时更改,同时各部件的实时数据同步上传到云端服务器,其他人员通过访问云端服务器,可以远程监控顶管机本体运行状态,辅助操作员进行顶管机本体运行参数的修正,监控效果好,避免了纯有线连接方式造成的建设、运行成本高的问题,同时,多方监控提高了顶管机的作业可靠性。

(2) 顶管自动测压注浆装置

为减小顶管施工时的掘进阻力,通常会向管节外注入减阻泥浆进行减阻。对于长距离、大断面顶管而言,泥浆减阻尤为重要。但地质条件的特殊性和复杂性会对减阻泥浆的适用性和有效性提出很大的挑战,尤其粉砂、细砂、中砂、砾砂等地层存在较大的漏浆风险。减阻泥浆渗漏至周边地层后,若未及时发现并进行补浆,则无法在管节周边形成有效包裹管节的泥浆套,泥浆压力无法控制,减阻效果难以保证。因此,采用一种能实时监测管节外减阻泥浆压力的自动测压注浆装置,有效确保管节周边泥浆套的形成。该装置包括注浆装置和测控装置,测控装置包括控制平台和压力传感器。控制平台通过数据传输装置与压力传感器进行信号传输连接,控制平台与注浆装置进行控制连接。基于上述方法,可实现在顶管施工中自动测压注浆,能实时监测管节外减阻泥浆的压力。

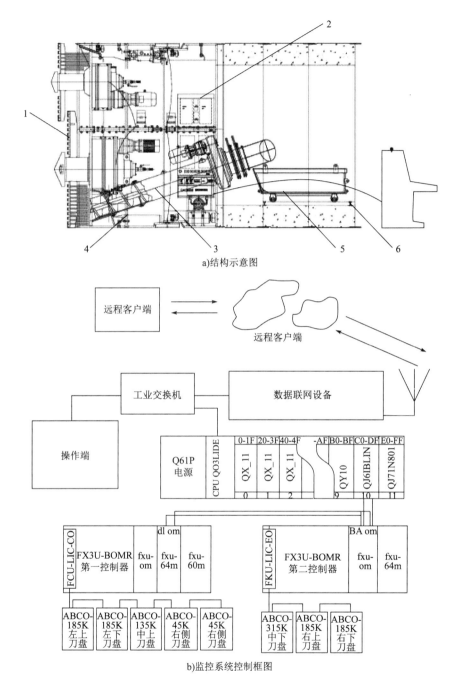

图 2-74　基于远程监控系统的土压平衡顶管机
1-顶管机本体；2-监控系统；3-输泥机构；4-支撑座；5-接泥车；6-滑轨

与现有技术相比，其优势如下：通过压力传感器实时监测管节外减阻泥浆与管节外壁之间的压力，并通过数据传输装置将监测信号传输至控制平台，控制平台对监测信号数据进行处理和判断后,对注浆装置中的注浆泵和电动阀发出控制信号,控制减阻泥浆的注入,进而实现实时监测管节外减阻泥浆的压力,有效控制管节周边泥浆套的形成,确保泥浆减阻效果,有效减小顶管掘进阻力,提高顶管施工效率和安全性。另外本装置还具有信息化、智能化等特点。

2.6 本章小结

苏州市胥涛路对接横山路隧道属于典型的浅覆土、高水压的大断面、长距离矩形顶管工程,隧道下穿京杭大运河河床的富含水砂土层,施工难度大,安全风险高,给现有矩形顶管装备及其选型依据带来巨大的工程挑战。基于此,通过对国内矩形顶管工程的调研、统计和分析,提出了基于土压平衡的矩形顶管机选型方案,充分考虑工程难点,进行了大断面矩形顶管管节设计及浇筑施工,并对现有的矩形顶管机进行了系统改造和功能升级,研制了适用于本工程的新型大断面矩形顶管掘进机,为确保工程质量及工程安全奠定了坚实的技术基础。建立了复杂工况下大断面矩形顶管装备设计及其制造的关键技术,通过对现有矩形顶管机的系统改造和功能升级,提升了矩形顶管装备的适用范围,具体成果如下:

①预制管节的受力计算采用结构-荷载模式,结构计算模拟运营阶段的结构受力,按照最不利组合进行抗浮、结构抗弯、抗剪、抗压、抗拉强度验算。计算结果表明管节抗浮安全系数等于1.408(大于1.05),符合抗浮要求。同时,预制管节在正常使用和承载能力极限状态下的弯矩、剪力和轴力均符合安全要求。

②预制管节最终确定采用固定模具带插入式振捣器的台座法生产工艺进行管节预制生产。管节生产工艺流程为模具拼装、钢筋笼安装和检查、混凝土浇筑、蒸汽养护、拆模、管节检查、管节翻身和堆放、喷淋养护和防水材料粘贴。为了避免模具组装困难和效率低的问题,本次预制管节采用一种安装拆卸便捷高效、连接牢固、脱模方式不影响成品管节质量的超大断面矩形顶管管节现场预制装置。

③胥涛路隧道顶管管节在管节配筋、管节箍筋和方面做了进一步优化。同时,增加了管节预应力榫孔,防止施工时定位插入困难。针对大截面管节,通过数值模拟仿真分析预应力钢绞线的有效性和合理性。根据模拟试验可以看出,采用钢绞线的矩形顶管在地下顶进过程中,矩形顶管的最大弯矩、轴力和剪力均能符合安全要求。相对于未采用钢绞线的矩形顶管,矩形顶管采用钢绞线后性能有一定的提升,最大弯矩相应减小10.1%,最大轴力相应减小2.3%,最大剪力相应减少5.3%。

④对预制管节施工过程中可能出现的问题进行调研,发现管节承插口破损和管节对接时止水条损坏经常在其他项目管节预制过程中出现。针对以上问题,对产生问题的原因进行分析,并采取了针对性的预防措施。

⑤提出了大断面矩形顶管机预防背土效应关键技术,通过布设触变泥浆系统及抑制管土接触的挤压扩孔机构,抑制矩形顶管工程中的管土接触,重构上覆土体自承拱结构并缓解背土效应。

⑥提出了富水砂层土压平衡矩形顶管防喷防堵关键技术,通过研发新型双闸门螺旋出土机,精准控制开挖面压力,降低开挖面失稳的技术风险。

⑦建立了矩形顶管智能化改造关键技术,研发了一套矩形顶管远程实时监控系统及一种

能监测管节外减阻泥浆压力的自动测压注浆装置,实现了矩形顶管工艺的智能化操作。

⑧动力方面,取消了高压送电模式,直接采用380V动力电输送,简化了驱动系统并提升了安全性。

⑨研发了大断面矩形顶管机姿态控制及纠偏关键技术,通过自主研制的套筒式注泥泵技术,有效纠正矩形顶管的各种姿态偏差,包括侧翻,解决了大断面矩形顶管姿态难以控制的技术难题。

第3章 浅覆土高水压矩形顶管下穿京杭大运河施工关键技术

3.1 引言

3.1.1 工程重难点概况

本隧道工程采用顶管掘进的方式分两条掘进段(N线和S线)实现隧道下穿京杭大运河,隧道平面及纵断面线形均为直线。顶管属大断面、浅覆土和长距离顶管,为整个工程的重难点。顶管穿越地层为饱和$⑤_1$黏质粉土夹粉质黏土、$⑤_2$粉砂、$⑤_3$砂质粉土夹粉质黏土和$④_2$粉质黏土地层,顶管机始发井、接收井及加固区均需采取针对性措施。长距离顶进施工容易出现较大阻力,同时,由于高水压和土层高含水率,施工易造成地层变形破坏原有河道。因此,从整体上而言,顶管穿越京杭大运河施工风险较大。

3.1.2 研究内容

针对矩形顶管下穿京杭大运河面临高水压作用下的大断面、浅覆土和长距离顶进难题,对顶管施工过程中的关键技术开展研究。结合传统的矩形顶管施工工艺,主要关键技术包含:大断面矩形顶管顶力计算及减阻措施、矩形顶管掘进参数的设定及地层变形控制和大断面矩形顶管始发及接收技术。通过工程前期的设计优化和整个顶管施工过程关键技术参数指标的实时调控,高效、精准完成大断面矩形顶管下穿京杭大运河的施工,施工过程安全可控,为今后类似工程提供了成功范例和借鉴经验。具体的研究内容如下:

①大断面矩形顶管顶力计算及长距离顶进减阻关键技术研究;
②矩形顶管下穿京杭大运河掘进施工及地层变形控制技术研究;
③大断面矩形顶管始发及接收技术研究。

3.2 大断面矩形顶管始发及接收技术

3.2.1 矩形顶管加固止水工艺汇总

常用的加固止水工艺主要包括以下几项：

地连墙——止水效果好，刚度大、变形小，主要适用于软弱地层或半土半石的地层，产生泥浆和噪声，对环境造成一定的污染，造价高。

搅拌加固——该方法施工方便、速度快、造价低，主要适用于黏土、粉土，在砂性地层中加固效果较差。搅拌加固需要其他加固方式配合使用，如旋喷加固、注浆加固等。

SMW工法——型钢加强深层搅拌墙的简称，具有高止水性。对周边的影响很小，特别是对于周边的管线、房屋等建构筑物不致影响破坏。在加固深度小于20m时加固效果较好，适用于各种饱和软黏土，如新填软土、泥炭土、粉土及淤泥质土等，在富水砂卵石地层，搅拌止水效果一般。一般在地面无条件而需要在洞内施作时采用，工期短，施工时噪声污染、泥浆污染较低，造价较低。

旋喷加固——止水性良好，适用于有一定自稳能力的地层，会产生泥浆和噪声，对环境有一定的污染，工期短、造价低，对于不能使喷出浆液凝固的土质不宜采用，适用于黏土、粉土地层，对密实砂层加固效果较差，能较好地与原有围护结构密贴，一般施工深度不宜超过25m，其中MJS（全方位高压喷射）工法深度大、桩径大、质量稳定。

冻结加固——适用于各种地层，适用范围广，可以选择地面垂直冻结加固，也可以进行洞内水平加固，加固效果好，造价高，较多应用于场地受限的端头加固。

注浆加固——适用于黏土层、粉土层、砂层等多种地层，注浆加固后加固体均质性较差，单靠注浆加固一种手段很难达到预期的效果，注浆加固一般作为一种补充手段配合搅拌加固、旋喷加固以及冻结加固等加固方式使用。

表3-1统计了部分矩形顶管工程的始发及接收方案。

矩形顶管始发及接收加固止水工艺　　　　　　表3-1

工程名称	始发井底板面埋深(m)/车站形式	接收井底板面埋深(m)/车站形式	主要穿越地层	周边环境	始发井加固止水	接收井加固止水
苏州市城北路综合管廊广济北路	9.59	9.36	粉砂夹粉土、粉砂	上跨地铁4号线，管底距地铁2号线顶4.4m	$\phi1200$mm @ 1000mm钻孔灌注桩支护外侧设 $\phi850$mm @ 600mm三轴深层搅拌桩+高压旋喷桩补强止水帷幕	$\phi800$mm @ 1000mm钻孔灌注桩支护外侧设 $\phi850$mm @ 600mm三轴深层搅拌桩+高压旋喷桩补强止水帷幕

续上表

工程名称	始发井底板面埋深(m)/车站形式	接收井底板面埋深(m)/车站形式	主要穿越地层	周边环境	始发井加固止水	接收井加固止水
苏州市城北路综合管廊人民路	8.67	9.47	粉砂夹粉土、粉砂	上跨地铁2号线,管底距地铁2号线顶2.76m	φ800mm@1000mm钻孔灌注桩支护外侧设φ850mm@600mm三轴深层搅拌桩+高压旋喷桩补强止水帷幕	φ800mm@1000mm钻孔灌注桩支护外侧设φ850mm@600mm三轴深层搅拌桩+高压旋喷桩补强止水帷幕
郑州市红专路下穿中州大道隧道工程	13.15	13.15	粉土	沿线建筑物北侧最高6～9层商务楼;南侧最高4～5层商务酒店建筑	φ800mm@500mm高压旋喷桩进行加固。反力墙加固长度为6.3m,加固宽度为始发井宽度,加固高度为地面至工作井底板下2m范围。端墙设置两道帘布橡胶圈和折页板。加设缓膨胀型止水条,两道止水条间预埋环向注浆管用于二次注浆	φ800mm@500mm高压旋喷桩进行加固。端墙设置两道帘布橡胶圈和折页板,在折页板外侧设置弹性压片。加设缓膨胀型止水条,两道止水条间预埋环向注浆管用于二次注浆
苏州市轨道交通5号线11标石莲街站	5.58	5.37	黏质粉土夹粉质黏土、粉砂	顶管下穿金鸡湖大道,污水管道与顶管最小间距1.27m	φ850mm@600mm三轴搅拌桩+φ800mm高压旋喷桩加固,加固深度顶管顶部以上3m至顶管底部以下3m。洞口采用双道密封钢压板+帘布橡胶板组合成的止水防护	3排φ2000mm@1400mm的MJS加固,加固范围为顶管上3m至顶管下3m。车站主体结构内部搭设接收钢平台进行接收
苏州市轨道交通5号线11标李公堤站	5.16	5.59	填土、浜填土、粉质黏土、粉土夹粉砂	顶管下穿金鸡湖大道,输配管道(材质铸铁)与顶管最小间距1.83m		3排φ2000mm@1400mm的MJS加固,加固范围为顶管上3m至顶管下3m。围护结构采用SMW工法桩(型钢采用隔一插二的方式)

续上表

工程名称	始发井底板面埋深(m)/车站形式	接收井底板面埋深(m)/车站形式	主要穿越地层	周边环境	始发井加固止水	接收井加固止水
天津市轨道交通2号线建国道站	地下3层	地下3层			搅拌桩+旋喷桩总长6m,上下左右各3m全范围加固(始发时局部出现渗漏)	水平冻结+注浆总长11m
天津市轨道交通5号线月牙河站	地下2层		黏性土为主		水平冻结+注浆总长11m	
天津市轨道交通5号线丹河北道站		地下2层	黏性土为主			搅拌桩+旋喷桩总长11m,上下左右各3m全范围加固
天津市轨道交通5号线张兴庄站	地下3层		黏性土为主	邻近无重要建筑物	搅拌桩+旋喷桩总长11m,上下左右各3m全范围加固	
南宁市轨道交通1号线陈村站		(拱顶)9.63	素填土、硬塑状粉质黏土			600mm厚素混凝土地连墙+袖阀管注浆
福州市轨道交通2号线厚桔区间			粗中砂、淤泥质土	下穿乌龙江,降水井未能将加固体内水位降至隧道底以下	降水井+三重管旋喷桩+三轴搅拌+冷冻法	

对于地下两层车站,加固深度都在20m以内,搅拌桩和旋喷桩的成桩质量较好,一般采用搅拌桩+旋喷桩加固,对于不具备场地条件的可以采用洞内水平冻结+注浆加固。对于地下3层车站,加固深度都在25m以上,搅拌桩和旋喷桩的成桩质量难以保证,一般采用冻结法+

注浆加固,当地层以黏性土为主且周边无重要建(构)筑物时,也可以考虑采用搅拌桩+旋喷桩加固。

3.2.2 矩形顶管始发及接收方案汇总

表3-2统计了部分矩形顶管的始发及接收方案。常规的始发方案包括洞门密封圈安装、基座安装、主顶定位、顶管机吊装、调试、供电系统调试、顶管整体部分检测、推进系统调试、顶管机导向系统调试、整机试运行等步骤。接收方案包括顶管机位置、姿态复核测量、门洞凿除等步骤。

矩形顶管始发及接收方案　　　　表3-2

工程名称	始发井底板面埋深(m)	接收井底板面埋深(m)	主要穿越地层	周边环境	始发方案	接收方案
嘉兴市下穿南湖大道隧道	5.68	6.54	淤泥质粉质黏土、粉质黏土、砂质粉土	隧道顶部分布6条市政管线		
苏州市城北路综合管廊人民路	8.67	9.47	粉砂夹粉土、粉砂	上跨地铁2号线,管底距地铁2号线顶2.76m		
苏州市轨道交通5号线11标石莲街站	5.58	5.37	黏质粉土夹粉质黏土、粉砂	施工影响范围内,除顶管下穿金鸡湖大道外,无其他重要建筑物。污水管道与顶管最小间距1.27m	顶管始发端头土体加固→洞门圈复测→始发姿态设计→始发基座、导轨安装→顶管机下井安装→后靠背及顶进系统安装→洞门密封装置安装→端头井降水及探孔打设→顶管始发顶进	接收洞门复测→安装顶管接收托架→降水施工→凿除洞门→安装洞门接收导轨→安装洞门拉紧装置
苏州市轨道交通5号线11标李公堤站	5.16	5.59	填土、浜填土、粉质黏土、粉土夹粉砂	施工影响范围内,除顶管下穿金鸡湖大道外,无其他重要建筑物。输配管道(铸铁材质)与顶管最小间距1.83m		接收井钢平台搭设,洞口止水防护安装→接收井洞口地连墙凿除→接收井内顶管机接收→接收井内顶管机与管节分离,并封堵洞门→顶管机吊离,钢平台拆除,施作主体结构中板

3.2.3　始发及接收井大断面洞门加固止水设计方法

3.2.3.1　始发井及接收井基本设计概况

顶管始发井位于京杭大运河西侧驳岸,场地地面高程3.00m,基底高程-17.067m;始发井尺寸为16.6m×33.6m(短边为32.1m)(长×宽),净空尺寸为12.2m×29.2m(长×宽),内衬墙厚1.2m,开挖深度为19.067m。始发井基坑采用1000mm地下连续墙+内支撑进行围护。始发井基坑围护平面布置如图3-1所示。

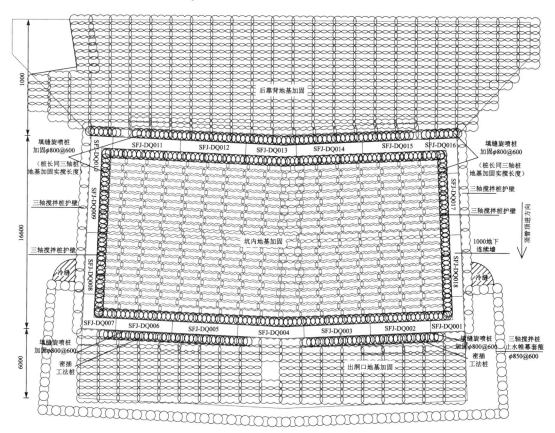

图3-1　始发井基坑围护平面布置图(尺寸单位:mm)

顶管接收井位于京杭大运河东侧驳岸附近,其中N线接收井场地地面高程2.50m,基底高程-14.495m。接收井尺寸为12.4m×17.2m(长×宽),净空尺寸为8.0m×12.8m(长×宽),内衬墙厚1.2m,开挖深度为16.995m。N线接收井基坑采用φ1000mm地下连续墙+内支撑进行围护,基坑止水采用φ850mm@600mm三轴搅拌桩止水,桩间嵌缝采用一道φ800mm@400mm高压旋喷止水。接收端土体加固采用φ850mm@600mm三轴搅拌桩,平面形状为矩形,加固面积为86m²。N线接收井基坑围护平面布置如图3-2所示。S线接收井场地地面高程2.50m,基底高程-14.517。接收井尺寸与N线相同,开挖深度为17.017m。S线接收井基坑支护方法同N线,其立面布置如图3-3所示。

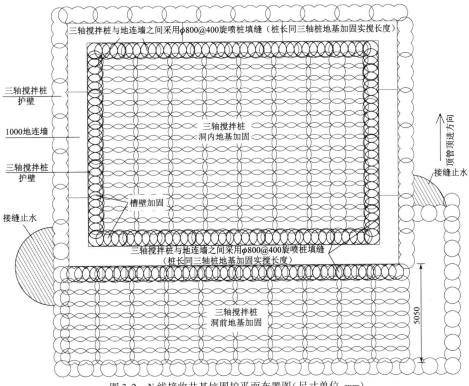

图 3-2 N 线接收井基坑围护平面布置图(尺寸单位:mm)

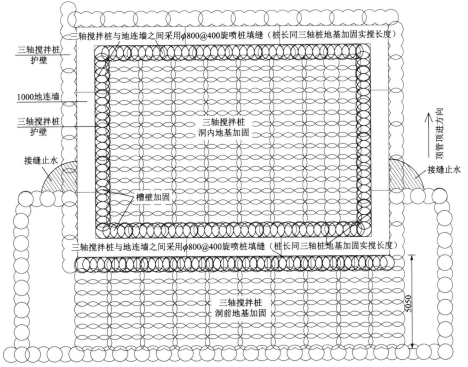

图 3-3 S 线接收井基坑围护立面布置图(尺寸单位:mm)

工程中顶管机穿越地层主要为⑤₂粉砂地层,洞门尺寸为 10.2m×6.3m,属于大断面开挖,且施工场地地下水位较高。因此,在顶管始发及接收过程中,确保洞门稳定,防止涌水涌砂对工程安全至关重要。

3.2.3.2 洞门土体稳定性理论分析

顶管机始发及接收时需要破除洞门,容易导致端头土体失稳,从而引发地表坍塌和开裂破坏,是顶管隧道施工的高风险环节。洞门的既有加固措施直接影响到洞门土体的稳定性,本节针对不同加固施工方法条件下洞门土体的失稳机理开展研究。结合顶管机主要穿越粉细砂地层的基本特点,根据砂性土体力学性质,其滑移模式与其他土体存在较大的差异。国内外众多学者对于砂性土体破坏模式的各项研究结果表明:砂性土体在顶管或盾构隧道上方的破裂面为接近直线形的斜直面,且其破坏具有突变性。

综合既有工程案例可知,SMW 工法桩具有良好的加固止水性。本节依托布设 SMW 工法桩加固的施工方法,采用常用的筒仓-楔形体模型(图 3-4)对失稳区土体加以分析,以开挖面支护压力为评估参数,分析有无 SMW 工法桩对洞门土体稳定性的影响。

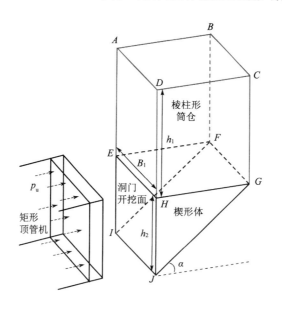

图 3-4 筒仓-楔形体模型

(1)筒仓部分理论推导

截至目前,关于筒仓的高度还暂无一个统一的计算标准。在实际情况中,当隧道埋深达到一定深度时,破坏区不能扩展至地表。实际工程中,隧道顶部的覆土多表现为成层土,难以准确预测筒仓的实际高度,特别是在成层土地层中,筒仓高度可能会随管片位置的不同而改变。因此,本章筒仓高度(h_1)等于隧道整体埋深,并且在分析中参考太沙基土拱效应。为了更清晰地描述筒仓-楔形体模型的推导过程,建立了一个新的坐标系 x_1-z_1,如图 3-5 所示。

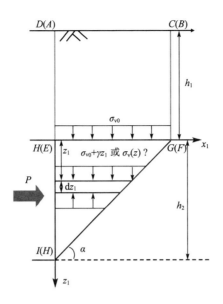

图 3-5 新坐标系统 x_1-z_1

作用于楔形体顶部的竖向土压力 $\sigma_v(z_1)$ 可以表达如下：

$$\sigma_v(z_1) = \frac{m}{n}(1 - e^{-nz_1}) + P_0 \cdot e^{-nz_1} \tag{3-1}$$

其中：

$$m = \gamma - \frac{2(B_1 + h_2\cot\alpha)}{B_1 h_2 \cot\alpha}c$$

$$n = \frac{2(B_1 + h_2\cot\alpha)}{B_1 h_2 \cot\alpha}K_s\tan\varphi$$

(2) 楔形体部分理论推导

选择合理的楔形体受力状态是计算开挖面支护力（支护压力）的重要方面。结合既有研究结果可知，楔形体上的作用力，即楔形体垂直滑动面上的侧向土压力（N_2）、楔形体倾斜滑动面法向力（N_3）、楔形体垂直滑动面上的摩擦力和黏聚力（T_2+C_2）、楔形体倾斜滑动面上的摩擦力和黏聚力（T_3+C_3）、楔形体重力（G_w）、筒仓底部竖向合力（N_1）和开挖面支护力（P）已经得到了众多学者的采用。Kirsch 和 Kolymbas 首先提出筒仓和楔形体接触面并非协调变形，两者之间存在相对滑移，从而造成楔形体顶部和筒仓底部接触面存在摩擦力和黏聚力（T_1+C_1）。而在其他相关学者的分析过程中并未提及这一情况，因此，是否考虑 T_1+C_1 目前仍存在争议，楔形体受力状态如图 3-6 所示。

①楔形体垂直滑动面上的摩擦力和黏聚力（T_2+C_2）。

楔形体的垂直土压力分布主要有两种类型：一种是重力作用下的线性增长分布（图 3-7 路径 1），另一种是考虑土拱效应的松散土压力分布（图 3-7 路径 2）。两种竖向土压力分布形式下的 T_2+C_2 可以表示为：

a. 线性竖向土压力分布 $\sigma_{v0} + \gamma z_1$（图 3-7 路径 1）。

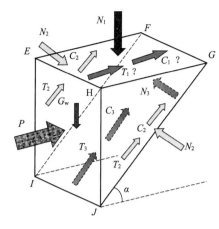
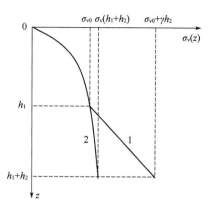

图 3-6 楔形体受力状态　　　　图 3-7 楔形体的竖向土压力分布曲线

$$T_2 + C_2 = \frac{K_w\tan\varphi \cdot \sigma_{v0} + c}{\tan\alpha}\int_0^{h_2}(h_2 - z_1)\mathrm{d}z_1 + \frac{K_w\tan\varphi \cdot \gamma}{\tan\alpha}\int_0^{h_2}(h_2 z_1 - z_1^2)\mathrm{d}z_1 \quad (3\text{-}2)$$

式(3-2)的解为:

$$T_2 + C_2 = \frac{K_w\tan\varphi \cdot \sigma_{v0} + c}{\tan\alpha} \cdot \frac{h_2^2}{2} + \frac{K_w\tan\varphi \cdot \gamma}{\tan\alpha} \cdot \frac{h_2^3}{6} \quad (3\text{-}3)$$

b. 考虑土拱效应的竖向土压力分布 $\sigma_v(z_1)$（图 3-7 路径 2）。

$$T_2 + C_2 = \frac{K_w\tan\varphi \cdot \sigma_v(z_1) + c}{\tan\alpha}\int_0^{h_2}(h_2 - z_1)\mathrm{d}z_1 \quad (3\text{-}4)$$

式(3-4)的解为:

$$T_2 + C_2 = \frac{c}{\tan\alpha} \cdot \frac{h_2^2}{2} + \frac{K_w\tan\varphi}{\tan\alpha}\left\{\frac{m}{2n}h_2^2 + \frac{1}{n}\left(\sigma_{v0} - \frac{m}{n}\right) \cdot \left[h_2 + \frac{1}{n}(\mathrm{e}^{-nh_2} - 1)\right]\right\} \quad (3\text{-}5)$$

式中:K_w——楔形体侧向土压力系数。

②开挖面支护力 P 和支护压力 σ_t。

对于尚存在争议的楔形体顶部和筒仓底部存在水平面的摩擦力和黏聚力($T_1 + C_1$),两种情形下 P 和 σ_t 的表达式可以由楔形体受力平衡所得:

情形 1:楔形体分力考虑 $T_1 + C_1$。

$$P = N_1(\xi_1 - \tan\varphi) - C_1 - 2(T_2 + C_2)(\xi_1\sin\alpha + \cos\alpha) + G\xi_1 - C_3(\cos\alpha + \xi_1\sin\alpha) \quad (3\text{-}6)$$

情形 2:楔形体分力不考虑 $T_1 + C_1$。

$$P = N_1\xi_1 - 2(T_2 + C_2)(\xi_1\sin\alpha + \cos\alpha) + G\xi_1 - C_3(\cos\alpha + \xi_1\sin\alpha) \quad (3\text{-}7)$$

其中:

$$\xi_1 = \frac{\sin\alpha - \cos\alpha \cdot \tan\varphi}{\cos\alpha + \sin\alpha \cdot \tan\varphi}$$

式(3-6)和式(3-7)中的 N_3 和 T_3 通过受力平衡消去,其他分量如下所示:

$$N_1 = \sigma_{v0} \cdot B_1 \cdot h_2 \cdot \cot\alpha$$

$$G = \gamma B_1 \cdot \cot\alpha \cdot \int_0^{h_2}(h_2 - z_1)\mathrm{d}z_1 = \frac{h_2^2}{2}\gamma B_1 \cot\alpha$$

$$C_1 = c \cdot B_1 \cdot h_2 \cot\alpha$$

$$C_3 = c \cdot B_1 \cdot (h_2/\sin\alpha)$$

$$T_1 = N_1 \cdot \tan\varphi$$

得到开挖面支护压力 σ_t 如下:

$$\sigma_t = \frac{P}{B_1 h_2} \tag{3-8}$$

选取工程中的始发井地质情况,采用理论模型对有无 SMW 工法桩工况下的洞门土体稳定性进行对比分析,得到开挖面支护压力计算结果,如图 3-8 所示。为了方便对比分析,支护压力采用标准化处理,同时将加型钢条件下的支护压力和不加型钢条件下的支护压力之比定义为 η。

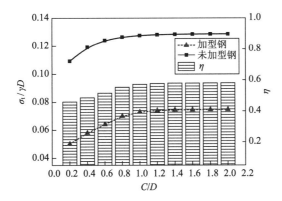

图 3-8 开挖面支护压力计算结果

由图 3-8 可知,当埋深比 $C/D < 1$ 时,支护压力随 C/D 的增加逐渐增大,待 C/D 超过 1 以后,支护压力趋于稳定,且加上型钢后(布设 SMW 工法桩),洞门的支护压力显著下降,为未加型钢条件下的 50%~60%。由此可见,增设 SMW 工法桩能够有效提高洞门土体强度。

3.2.3.3 大断面洞门加固设计施工方法

考虑到洞门断面尺寸大且存在两处始发洞门,同时,结合理论分析的结果,为确保施工安全,在始发洞门两条通道顶进方向采用密插的方式布设 SMW 工法桩(图 3-9),密插范围总长度 26m(分别为 13.6m 和 12.4m)。其中,型钢长 20m,规格为 700mm×300mm×13mm×24mm。此举旨在对洞门处的结构进行加固并进一步增强止水性,避免始发过程中高水压砂层在支护不足的条件下出现涌水涌砂。

对于接收井而言,由于 N 线和 S 线分属两个不同的接收位置,因此,只需要针对唯一顶进通道布设 SMW 工法桩即可,其规格与始发井完全相同。

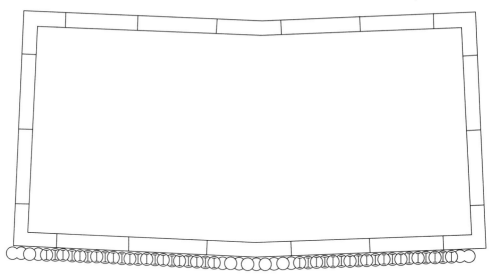

图 3-9　始发井洞门 SMW 工法桩布设图

3.2.3.4　大断面洞门止水设计施工方法

考虑到施工工作井邻近京杭大运河，通道水量丰富且水压大，洞门防水为本次顶管顺利实施的重点工作。实际工程中，通过设计一种特制的止水套箍加强洞门防水，尤其是针对大断面矩形顶管始发井及接收井，止水套箍的结构设计及工作原理如图 3-10、图 3-11 所示。特制的止水套箍通过区分始发井出洞装置和接收井进洞装置防水结构的区别，采用橡胶板将第三级防水结构与前两级防水结构形成紧密联系，形成特定人字形结构，达到整体防水效果。该防水结构除洞门界面处设置帘布橡胶板外，利用盾尾刷结构，结合带销套的翻板和厚钢板将帘布橡胶板设置在洞门内预埋钢环上，形成双重柔性防水层，并通过最后的应急防水结构设置紧急安全措施。

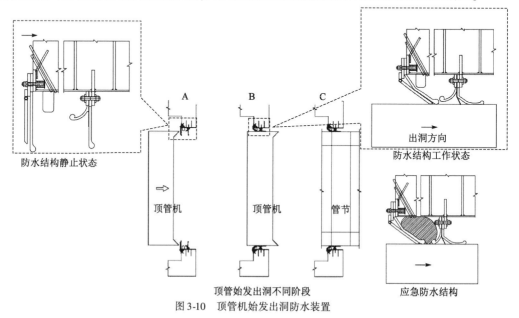

图 3-10　顶管机始发出洞防水装置

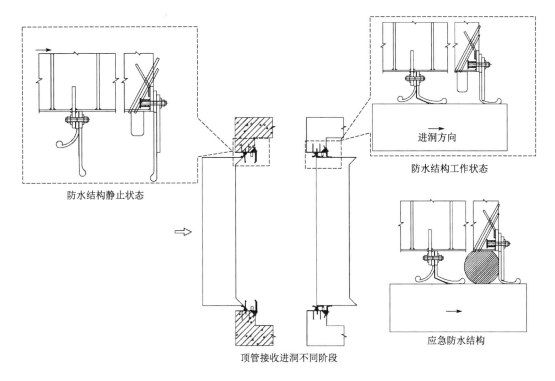

图 3-11 顶管机接收进洞防水装置

3.3 大断面矩形顶管顶力计算及长距离顶进减阻关键技术

3.3.1 大断面矩形顶管顶力计算方法

近十年来,矩形顶管技术的进步十分显著,大断面矩形顶管在工程中的应用越来越多,但关于大断面矩形顶管的设计理念尚不成熟。顶管顶力作为顶进设计的重要参数,也没有统一的国家标准计算公式。本节在现有计算模型及存在问题的基础上,结合矩形顶管的特殊性探究大断面矩形顶管顶力计算模型。在比尔鲍曼理论、管土与管浆部分接触理论的基础上修正改进,充分考虑泥浆对管节浮力的影响,推导出大断面矩形顶管的顶力计算方法。

3.3.1.1 顶力组成分析及模型建立

(1)顶力组成

结合各种规范公式及矩形顶管的特殊性,大断面矩形顶管的顶力表达式为:

$$F = F_p + F_1 + F_2 \tag{3-9}$$

式中:F——总顶力(kN);

F_p——迎面阻力(kN);

F_1——顶管机机壳的摩阻力(kN);

F_2——管节的摩阻力(kN)。

基于 Reilly 等的管土全接触假设,顶管在竖直方向上受到垂直地层压力、管体自重、地基支反力;在水平侧方向上受到水平地层压力,如图 3-12 所示。在轴向上受到顶管机机头部分的迎面阻力 F_p、分布在管节周围的摩阻力 F_2 以及顶管机机壳周围的摩阻力 F_1,如图 3-13 所示。

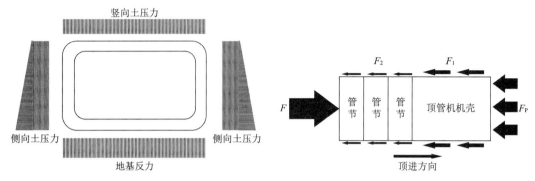

图 3-12 矩形顶管横截面受力示意图　　图 3-13 矩形顶管顶力构成

(2)竖向土压力计算

竖向土压力计算理论模型主要有土柱模型、太沙基模型、马斯顿模型和普氏模型,除土柱模型外,其余三种方法均考虑了土体松动条件下的土拱卸荷效应。

采用卸荷拱土压力模型参与计算的前提主要有两个:第一,顶管上方必须是稳定土层。所谓稳定土层,根据《给水排水工程构筑物结构设计规范》(GB 50069—2002)的规定,是指可塑至坚硬状态的黏性土以及不饱和的砂土等;而饱和疏松的粉细砂、干燥的砂类土、淤泥及其他液态性黏土等均属不稳定土层。第二,管顶的覆土深度必须满足形成卸荷拱的要求 $Z_2 \geqslant 2H$,Z_2 为矩形顶管顶部土拱高度,H 表示隧道断面高度。结合本书依托工程的矩形顶管实际情况,得到各类模型计算简图,如图 3-14 所示。图中的 Z_1 表示土体未扰动区域,其余各参量将在后续的理论计算公式中进行详述。

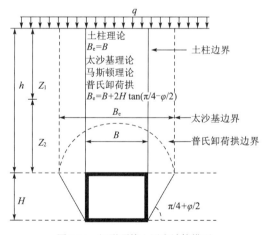

图 3-14 矩形顶管土压力计算模型

①土柱模型

该模型不考虑地层的土拱效应,矩形顶管上部覆土的全自重即为顶管顶部竖向土压力,土体滑裂边界见图3-14,该条件下的顶部竖向土压力计算公式为:

$$q_v = \gamma h \tag{3-10}$$

式中:q_v——顶管单位长度总土压力(kN/m^2);

γ——管节周边土体的平均重度(kN/m^3);

h——顶管埋深(m)。

②太沙基理论模型

太沙基通过活门试验发现了土拱效应,并依托土柱模型的滑裂边界初步建立了太沙基土压力松动模型。在此基础上,太沙基进一步考虑隧道断面处剪切带的扩展路径,提出了滑裂面的倾角等于$45°+\varphi/2$条件下的土压力计算模型。结合顶管隧道的实际工况,推导出适用于矩形顶管条件下的土压力计算公式:

$$q_v = \frac{1 - e^{-2K\mu Z_2/B_e}}{2K\mu}\gamma B_e + q e^{-2K\mu Z_2/B_e} \tag{3-11}$$

$$B_e = B + 2H\tan(\pi/4 - \varphi/2) \tag{3-12}$$

式中:K——侧向土压力系数;

μ——土的摩擦因数;

Z_2——剪切带发展高度(m);

H——矩形顶管高度(m);

B——矩形顶管宽度(m);

B_e——扰动土宽度(m);

φ——土体内摩擦角(°)。

③马斯顿理论模型

马斯顿模型是在太沙基模型的基础上,进一步考虑黏聚力的影响,结合土体的极限平衡受力状态提出的:

$$q_v = \frac{1 - e^{-2K\mu Z_2/B_e}}{2K\mu}(\gamma B_e - 2c) + q e^{-2K\mu Z_2/B_e} \tag{3-13}$$

式中:c——土体黏聚力(kPa)。

④普氏理论模型

普氏卸荷拱理论又称自然平衡理论,由苏联学者普罗托季亚科诺夫通过对地下工程塌方事故的观测及对散粒体的模型试验进行分析后提出。该模型认为洞室开挖后破坏了地层原有的静力平衡状态,围岩失去平衡后有一部分开始塌落,当塌落到一定程度后,围岩开始进入一个新的平衡状态,形成一个新的平衡拱(又叫卸荷拱),而平衡拱内塌落的土重量称为作用在管道上的竖向土压力,与埋深无关。当土的坚实系数f_k大于或等于0.6且管节埋深H大于或等于2倍卸荷拱高$2Z_2$时,可采用普氏卸荷拱理论计算土荷载。

$$q_v = \frac{\gamma[B/2 + H\tan(\pi/4 - \varphi/2)]}{f_k} \tag{3-14}$$

式中:f_k——土的坚实系数,取值见表3-3。

各种土体的坚实系数 f_k 表 3-3

岩土种类	坚实系数 f_k
沼泽土、新填土、淤泥等不稳定土	<0.6
塑态黏质粉土(塑性指数 $I_p < 4$)	0.6
塑态黏质粉土(塑性指数 $I_p > 4$)	0.7
塑态粉质黏土、黏土、黄土	0.8
坚硬的粉质黏土及黏土	1.0

(3) 侧向土压力计算

在顶进过程中,大断面矩形顶管的断面开挖尺寸比管节尺寸要大 20~30mm。断面开挖后,土体会逐渐向管节方向变形至贴合,并产生主动土压力。各规范中侧压力计算均采用的是主动土压力系数,故侧压力表达式为:

$$p_R = K_a(q_v + h/2)H \tag{3-15}$$

式中:p_R——单位长度管道侧压力(kN/m);

K_a——主动土压力系数,$K_a = \tan^2(45° - \varphi/2)$。

(4) 地基反力计算

地基反力属于被动抗力,其分布形式与上部荷载和下部土层条件相关。矩形顶管施工荷载较为复杂特殊,因此,地基反力不能简单认作与作用荷载相平衡的反作用力。施工过程中的正面附加应力、侧面摩阻力、地层损失、注浆填充等因素对土体变形都很关键,所以不能简单将地基反力表示为顶部土压力与其自重之和。目前对管底支反力的处理方法有试验分析法、Winkler 地基解析法、经验假定法以及弹性理论分析法等。对于圆形顶管,中国和德国的顶管规程均采用克莱茵分布模式;就矩形顶管应用而言,Winkler 地基解析法较为适宜。Winkler 地基解析法假定地基由一系列独立的弹簧组成,地基反力和变形成线性比例增加。利用基于该模型的地基反力曲线,在矩形顶管开挖变形小的前提下,对管土地基反力进行推导分析。图 3-15 为地基反力曲线,反映了土压力系数随土体位移的变化趋势。

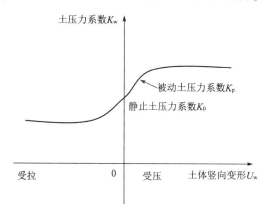

图 3-15 地基反力曲线

由此可得矩形顶管地基反力计算公式为:

$$K_w = (K_0 - K_p)\tan\left(\frac{nU_w}{K_0 - K_p}\right) + K_0 \tag{3-16}$$

$$p_D = K_w U_w (p_U + G - F_\text{浮}) \tag{3-17}$$

式中：K_w——土压力系数；

K_0——静止土压力系数，$K_0 = 1 - \sin\varphi$；

K_p——被动土压力系数；

n——地基反力系数，$n = K_w / p_U$；

p_D——单位长度地基反力(kN/m)；

U_w——土体竖向变形(m)；

G——单位长度顶管重力或单位长度顶管机重力(kN/m)；

$F_\text{浮}$——单位长度泥浆浮力(kN/m)。

(5) 迎面阻力计算

通过总结土压平衡和泥水平衡顶管的迎面阻力分析可知，在正常施工中，迎面土压力控制在主动和被动土压力之间，为静止土压力的 1.0~1.1 倍。因为迎面顶力一般需要与迎面土体压力保持平衡，若迎面顶力大于被动土压力，则会挤压土体，使地表产生隆起；若迎面顶力小于主动土压力，则开挖面不能保持稳定，容易坍塌，使上部地表产生沉降。结合目前顶管施工对周围地层的影响规律，当顶管顶到某一地段时，一般地表会产生隆起，说明顶力是大于静止土压力的。结合文献的理论，本书更倾向于迎面阻力取 1.1 倍静止土压力。掌子面上土压力呈梯形分布，土压力作用点位于重心上，则迎面阻力计算公式为：

$$F_p = 1.1 \times \left[K_0 \gamma \left(H + \frac{2}{3} h \right) \right] s \tag{3-18}$$

式中：s——管节断面面积(m^2)。

(6) 摩阻力计算

目前，国内顶管摩阻力计算主要是管周土压力乘以摩擦因数。由于摩擦因数取值依靠经验，计算结果忽高忽低，且没有考虑泥浆套对于管道的影响。在注入减阻泥浆的情况下，摩阻力由管土摩阻力和管浆摩阻力共同构成，即同时存在固-固和固-液接触状态。大断面矩形顶管在泥浆套中处于上浮的状态，即管顶与土体接触，管壁两侧与底部充满泥浆。由于顶管顶进速度较慢，可将顶进过程视为匀速状态。顶进过程中，土体不发生位移，可将土体-泥浆-管壁相互作用模式简化为平板流行模型。泥浆流变性能一般用流变性能曲线描述。顶管工程用泥浆通常为膨润土体系泥浆，可将其视为宾汉塑性模型，其表达式为：

$$\tau_f = \eta_p \frac{v}{i} + \tau_0 \tag{3-19}$$

式中：τ_f——剪切应力(kPa)；

η_p——塑性黏度(Pa·s)；

v——顶管平均顶进速度(m/s)；

i——泥浆套厚度(m)；

τ_0——动切应力(Pa)。

η_p 可采用六速旋转黏度计测出，也可根据泥浆配方取经验值；i 取施工空隙大小，即泥浆套厚度。泥浆两侧及下部摩阻力为：

$$F_w = \tau_f(m-2a)l \tag{3-20}$$

式中:F_w——管浆摩阻力(kN);
$\quad m$——顶管机周长(m);
$\quad l$——顶进距离(m)。

矩形顶管顶部与土体接触,其摩擦力为:

$$F_g = p_U f_1 l \tag{3-21}$$

式中:F_g——管土摩擦力(kN);
$\quad f_1$——管节与土体摩擦因数。

由式(3-20)和式(3-21)可得管节摩阻力为:

$$F_2 = F_w + F_g = \tau_f(m-2a)l + p_U f_1 l \tag{3-22}$$

由于顶管机机壳与周围土体紧密接触,施工空隙较小,所以顶管机机壳四周均应该按照摩擦力计算公式计算,其摩阻力为:

$$F_1 = (p_U + p_D + 2p_R)f_2 l_{壳} \tag{3-23}$$

式中:f_2——顶管机机壳与土体的摩擦因数;
$\quad l_{壳}$——顶管机机壳长度(m)。

顶管与周围土体的摩擦因数是计算的重要参数,摩擦因数与土层、管表面光滑度、泥浆性质等密切相关,实际工程中应考虑注浆减阻的效果及管土接触形式。结合法国国家微型隧道工程的 9 个顶进现场监测结果,研究了注浆润滑、顶进停顿、顶进偏差、超切等参数对管周摩擦阻力的影响,提出摩擦因数在 0.07~0.1 之间。矩形顶管管节的四周都开有多个注浆孔,并且在顶管与地层的压力下形成了一层泥饼,因此管节顶部摩擦因数更倾向于取 0.07~0.1。顶管机机壳由于与周围土体紧密接触,泥浆的润滑性能弱,摩擦因数建议取规范中的数值。

3.3.1.2 大断面矩形顶管顶力计算公式及验证

综合上述推导,大断面矩形顶管顶推力 F 为:

$$\begin{cases} F = F_p + F_1 + F_2 \\ F_1 = (p_U + p_D + 2p_R)f_2 l_{壳} \\ F_2 = \tau_f(m-2a)l + p_U f_1 l \\ F_p = 1.1 \times \left[K_0\gamma\left(H + \dfrac{2}{3}h\right)\right]s \end{cases} \tag{3-24}$$

式(3-24)的适用条件为:①顶管属于浅埋,即上覆土厚度小于顶管的 1.5 倍跨度;②矩形顶管断面在 5m×5m 及以上;③不考虑顶管纠偏引起的摩阻力上升;④注浆效果良好,采用触变泥浆减阻,注浆量要足够;⑤钻进地层无特殊地层,如漏失、强研磨性岩层等。

通过选取的各类理论模型针对越河矩形顶管工程做出的改进,选取 11、12 和 14 号钻孔位置进行理论模型的适用性计算,相应的地层分布形式如图 3-16 所示,对应的土体力学参数见表 3-4。各类模型关于顶力的计算结果和实测值如图 3-17 所示。

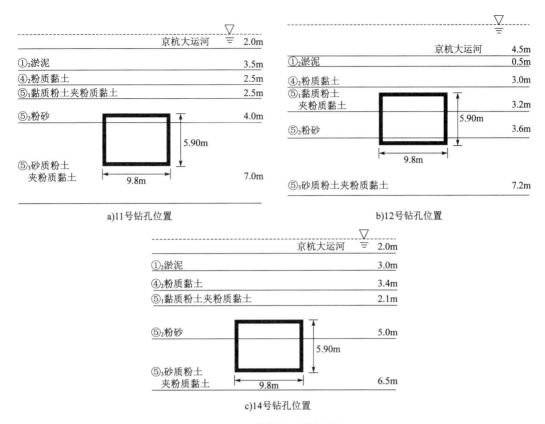

图 3-16 钻孔处地层剖面图

各地层对应的土体力学参数　　　　　　　　　　　　　　　　　　　　　表 3-4

地层编号	含水率(%)	重度(kN/m³)	内摩擦角(°)	黏聚力(kPa)
①₂ 淤泥	32.4	18.9	14.0	26
④₂ 粉质黏土	29.5	19.3	16.9	30
⑤₁ 黏质粉土夹粉质黏土	32.0	18.8	22.1	7
⑤₂ 粉砂	29.4	19.2	25.0	6

通过图 3-17 可知,在三处钻孔位置对应的工况条件下,太沙基模型和马斯顿模型得到的计算结果与监测结果更为接近。相比之下,马斯顿模型计算值更小,而太沙基模型更趋于保守,尤其是在覆土厚度较大的 11 和 14 号钻孔位置。土柱模型得到的土压力结果整体偏高,11 和 14 号钻孔位置的理论计算值高出监测上限 31% ~ 35%,而在覆土厚度较小的 12 号钻孔位置,理论值约为监测结果的均值水平。对于普氏模型,无论何种工况下,其计算结果近似为监测值上限的 2 倍,显然,适用于深埋条件下的普氏模型并不适用于浅埋越河隧道的顶力计算。

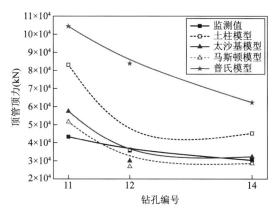

图 3-17 顶管机顶力计算结果和实测值

结合土柱模型、太沙基模型和马斯顿模型的计算结果可知,在覆土较小且水压明显增大的条件下,土拱效应并未充分显现。结合越河顶管隧道的实际情况,建议隧道顶部覆土厚度小于 5m 时采用土柱模型参与分析,而在覆土大于 5m 且小于 12m 的条件下,分别采用太沙基模型和马斯顿模型评估顶力。

3.3.2 矩形顶管长距离顶进减阻施工关键技术

本工程矩形顶管单次最大顶进长度达 215.9m,为长距离顶管,为保证顶管顶进施工的顺利完成,顶进过程设置中继间,分段顶进,如图 3-18 所示。根据施工经验在顶管机后设置 1 道中继间,必要时中继间数量根据施工过程中实际顶力情况做相应调整。

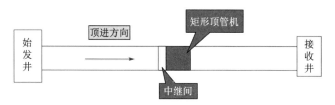

图 3-18 中继间设置示意图

3.3.2.1 减阻剂类型及实施方法

矩形顶管顶进施工中,主要使用的减阻措施为管节外侧涂蜡和注入触变泥浆两种方式,对于管节外侧涂蜡,主要在预制管节四周外壁进行涂蜡与烘烤处理(图 3-19),减小管壁与土体的摩擦系数,以降低顶管顶进过程中管节产生的摩阻力。

对于注入触变泥浆,主要通过顶管机和管节内部设置的注浆孔向管外压注减阻泥浆及浓泥(图 3-20),使管节外壁形成一层减阻保护膜,以保证管节和土体的固固摩擦转变为固液摩擦,有效减少土体与管节间的摩擦系数,以达到减少摩阻力的效果。减阻泥浆根据现场的地质情况和施工期间要求泥浆不失水、不沉淀和不固结的规定,每环管节采用烧碱 1~2kg、泥浆膨润土 22~26kg、水 240kg 的配比进行配置,即配合比为:膨润土:烧碱:水 = 11~13kg:1kg:120kg。

图 3-19　管节外壁涂蜡

a)
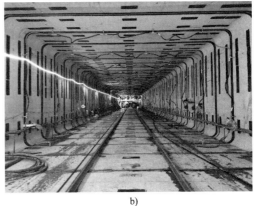
b)

图 3-20　拌浆及注浆管路布置

注浆位置一般位于机头至末尾前 10 节位置处,间隔 3~5min 更换一次注浆阀,每次仅开启 1~2 节注浆阀以保证注浆压力。注浆压力一般维持在 0.2MPa,超过此数值说明注浆效果良好,但不应过大,否则会出现地面隆起,严重则击穿覆土,造成冒浆现象,低于 0.2MPa 则反映该管节外泥浆较少,没有起到良好的减阻作用。在顶管顶进施工过程中,须保持连续顶进,以保证管节外的触变泥浆不会因为长时间停滞而流失,降低触变泥浆的减阻效果,从而引起摩阻力增大,加大顶进困难程度。

实际工程中,考虑顶管机由于周边原生土体形成的挠动,导致顶管机的上方和侧面的摩擦阻力逐渐增大,且缺乏直观的显示方式,容易导致顶管机的顶杆与其底座发生相对偏移,进而诱发顶管机受损弯折甚至出现隧道顶壁背土坍塌。因此,针对上述问题,技术人员提供了一种矩形顶管机加注触变泥浆的防背土结构,包括矩形沉槽、覆板以及电动球阀,矩形沉槽开设于矩形隧道的外边缘,矩形沉槽的外边缘位置处铺设有所述覆板,覆板的顶部等间距开设有若干个注浆孔,且所述注浆孔靠近所述矩形沉槽的一端皆安装有所述电动球阀,矩形隧道底部的一侧设置有注浆总管,且注浆总管的一端接通有导流管,导流管的一端延伸至所述矩形沉槽的顶部,电动球阀的输入端皆通过分流管与注浆总管相互接通,具体改造结果如图 3-21 所示。

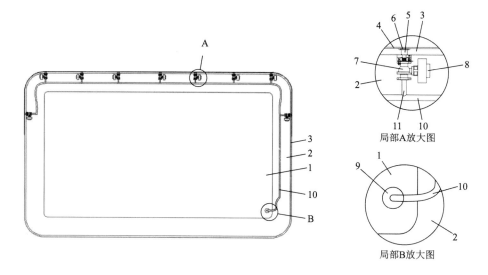

图 3-21　顶管机加注触变泥浆的防背土结构

1-矩形隧道；2-矩形沉槽；3-覆板；4-触变腔；5-注浆孔；6-压注槽；7-电动球阀；8-数显单片机；9-注浆总管；10-导流管；11-分流管

3.3.2.2　矩形顶管摩阻力变化及减阻效果分析

图 3-22 给出了 N 线和 S 线摩阻力监测值与理论解的比值。由图可知，N 线摩阻力在 0～30 环管节出现大幅增加和降低，其中，峰值实测摩阻力约为理论解的 2.7 倍，30 环管节后摩阻力趋于稳定，摩阻力实测值与理论解的比值始终保持在 0.4～0.7；S 线摩阻力在 0～30 环管节出现轻微增加，峰值实测摩阻力约为理论解的 1.25 倍，30 环管节后的摩阻力趋于小幅度线性降低，摩阻力实测值与理论解比值的最小值约为 0.16。由此可见，顶管管节增加到一定数量后，摩阻力基本保持稳定，这主要得益于减阻措施的施加，而在常规地层的摩阻力实际上低于理论值。始发区间出现摩阻力增加的主要原因是因为加固区土体力学参数波动大，减阻效果不显著，同时管节数量的增加也会提升整体摩阻力。

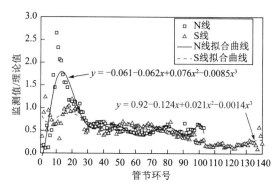

图 3-22　全断面土压力监测值与理论解比值

由上述 N 线和 S 线顶管摩阻数据分析可得出，本工程顶进施工过程中摩擦阻力与顶进速度呈负相关，在矩形顶管顶进中段顶进产生的摩阻力显著增大，进而造成顶进速率降低，通过注入触变泥浆等手段处理后,摩阻力开始显著下降,尤其是在顶管机停滞时间较长等情况(S线第131节至第132节)。通过总结N线顶进施工期间的顶力变化情况,及时调整更长顶进距离的S线减阻措施,通过控制顶进速度和减阻泥浆注入的时间段,顺利完成双线顶管贯通,同时实现顶进过程中理论摩阻力为355.3kN/m,通过减阻措施,实现实际摩阻力为203.3kN/m。

3.4 矩形顶管掘进施工及地层变形控制技术

3.4.1 矩形顶管参数配置概况

矩形顶管机主要参数配置见表3-5。

矩形顶管机主要参数 表3-5

序号	部件	项目	参数
1	—	地层土质种类	粉质黏土、粉土、粉砂、粉细砂等软土层
		顶管段长度	S线顶管长度为215.9m,N线顶管长度为154.9m
		最大坡度	S线1%,N线1.7%
2	顶管主机	规格型号	土压平衡矩形顶管机
		外形尺寸	宽9820mm×高5520mm
		总长	5700mm(不含螺旋机)
		总质量	约320t
		刀盘驱动总功率	904kW
		总装机功率	1016kW
		刀盘布置	8只大小刀盘组合,3前5后
		断面总面积	57.83m^2
		切削总面积	40.90m^2
		切削率	86.28%
		搅拌总面积	40.7m^2
		搅拌率	70.38%
		前部土压力测量点	9处
		前部人舱检查口	5处
		前壳体钢板厚度	50mm
		后壳体钢板厚度	50mm
		最大掘进速度	30mm/min
		后方主顶最大推力	60000kN

续上表

序号	部件	项目	参数
3	刀盘	刀盘数量	8 只
		结构形式	辐条加外圈板
		驱动形式	电动驱动,变频器控制调速
		开挖直径	$\phi3750mm$:2 只 $\phi2700mm$:1 只 $\phi2600mm$:2 只 $\phi2500mm$:2 只 $\phi2380mm$:1 只
		轴向位置	$\phi3750mm$:后置平面 $\phi2700mm$:前置平面 $\phi2600mm$:后置平面 $\phi2500mm$:前置平面 $\phi2380mm$:后置平面
		输出转速	$\phi3750mm$:0~1.1r/min(变频调速) $\phi2700mm$:0~1.5r/min(变频调速) $\phi2600mm$:0~1.5r/min(变频调速) $\phi2500mm$:0~1.5r/min(变频调速) $\phi2380mm$:0~1.5r/min(变频调速)
		输出扭矩	$\phi3750mm$:1927kN·m $\phi2700mm$:570kN·m $\phi2600mm$:471kN·m $\phi2500mm$:471kN·m $\phi2380mm$:471kN·m
		扭矩系数	$\phi3750mm$:$\alpha=3.65$ $\phi2700mm$:$\alpha=2.9$ $\phi2600mm$:$\alpha=2.9$ $\phi2500mm$:$\alpha=3.0$ $\phi2380mm$:$\alpha=3.5$
		驱动功率	$\phi3750mm$:37×6=222kW $\phi2700mm$:30×3=90kW $\phi2600mm$:37×2=74kW $\phi2500mm$:37×2=74kW $\phi2380mm$:37×2=74kW

续上表

序号	部件	项目	参数
3	刀盘	刀具类型	中心刀、主切削刀、贝壳先行刀、周边切削刀、贝壳保径刀
		刀具总数量	中心刀8把， 主切削刀356把， 贝壳先行刀186把， 周边切削刀104把， 贝壳保径刀52把
		中心刀类型	鱼尾刀形式
		刀具的高差设置	切削刀90mm，先行刀98mm
4	纠偏系统	纠偏油缸数量	28台
		纠偏油缸推力	200台
		纠偏总推力	56000kN
		最大纠偏行程	200mm
		额定压力	31.5MPa
		最大纠偏角度	垂直：±2.4°； 水平：±1.26°
		纠偏液压站功率	22kW
		纠偏液压泵流量	0~35L/min
5	润滑系统	内部供脂距离	100m
		油脂泵 数量	4只
		油脂泵 供脂流量	50mL/min
		油脂泵 供脂压力	20MPa
6	铰接密封	数量	2道
		形式	双鸟齿形密封圈
		耐压	0.5MPa
7	脱管油缸	推力	2000kN
		行程	350mm
		数量	4只
		工作压力	31.5MPa
		总脱管力	8000kN

续上表

序号	部件	项目	参数
8	螺旋出土机	数量	2只
		形式	有轴式
		直径	φ670mm
		出渣量	92m³/h
		功率	45kW
		转速	0~9.6r/min
		闸门配置	双层闸门
9	后方主推进油缸	推力	2000kN
		行程	3500mm
		数量	30只
		工作压力	31.5MPa
		主顶总推力	60000kN
10	泡沫系统		水泵:流量100L/min×0.8MPa×功率7.5kW; 泡沫泵:流量5L/min×0.9MPa×功率0.75kW
11	压缩空气系统		22kW螺杆式空压机1台,流量3m³/min,压力1MPa
12	膨润土注入系统		流量250L/min×压力2.5MPa×功率15kW×2台
13	注泥系统(打土泵)		排量3m²/h×出土压力6MPa×功率22kW×2台

3.4.2 工程特征问题及设计改进方法

主顶装置主要由基坑导轨、顶铁、环形顶铁、油缸架、主顶油缸、后靠板和主顶泵站七部分组成,总体布置如图3-23所示。油缸架起到将油缸按水泥管的受力分布进行排布固定的作用,如图3-24所示。主推进油缸推力2000kN,行程3500mm,共30只。顶铁、环形顶铁分为两部分(图3-25、图3-26),右边部分用来传递油缸推力,左边则用来与管节接口接触,它的作用主要是把主顶油缸的几个点的推力比较均匀地分布到钢筋混凝土管端面上,同时还起到保护管端面的作用。

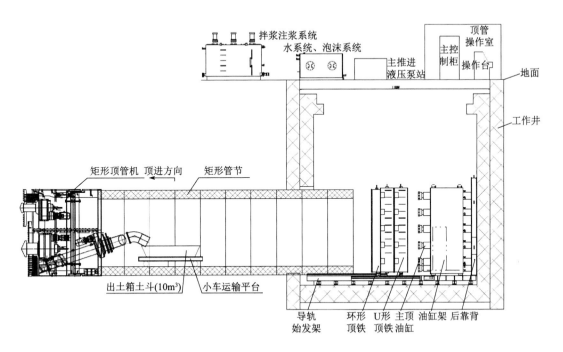

图 3-23 基坑装置布置示意图

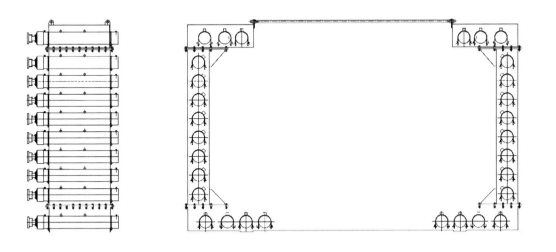

图 3-24 油缸架布置示意图

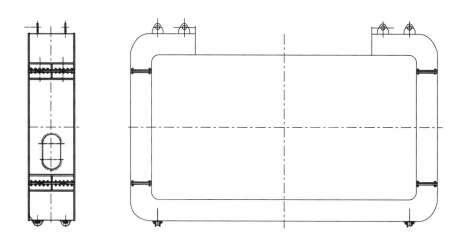

图 3-25 顶铁示意图

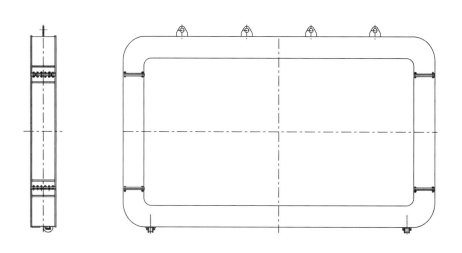

图 3-26 环形顶铁示意图

3.4.3 掘进施工参数分析

3.4.3.1 顶进速率

对于 N 线施工,顶管机在始发阶段穿越 6m 三轴水泥加固区共历时 6d,平均速率 1m/d;穿越浅覆土段(37.75~76.1m)历时 12d,平均速率 3m/d;自始发至到达接收端地墙共 66d,行程 156.7m,平均速率 2.34m/d。顶进过程中顶进速率的影响因素分析及解决方法如下:

①因管节供应不及时,导致 N-070、N-071 和 N-080 环管节出现顶进速率低于 1mm/min 的

情况。

②受大风天气影响,N-032 环管节出现停滞 21h 未顶进状况。

③因管节供应不及时,N-088、N-089 和 N-090 环管节出现 21.52h、26h、20.35h 停滞未顶进施工情况。

④因机械维修于 9 月 2 日出现 20.88h 停滞未施工情况。

针对上述问题,工程中采用定期旋转刀盘、注加土体改良液和黄泥等措施,确保顶进停滞和低速顶进期间未发生不可控状况。N 线顶进记录分析见表 3-6。

N 线顶进记录分析　　　　　　　　　表 3-6

管节	顶进长度(m)	开始日期	顶进时间		效率(cm/min)	停滞时间(h)	备注
顶管机	5.7	7月1日	—	—	—	—	
中继间	7.37	7月8日	5:32	9:00	0.721	5.8	
N-001	8.89	7月9日	14:48	18:32	0.670	16.05	
……							
N-031	56.46	7月23日	21:57	2:12	0.590	3.85	
N-032	55.98	7月24日	6:03	16:40	0.240	21.08	大风天气
N-033	57.5	7月25日	13:45	21:00	0.340	10.33	
……							
N-069	112.18	8月12日	21:00	8:35	0.220	1.35	
N-070	113.7	8月13日	9:56	19:37	0.070	1.88	管节供应不足
N-071	115.22	8月14日	21:30	19:20	0.050	2.17	管节供应不足
N-072	116.74	8月16日	21:30	18:55	0.120	1.10	
……							
N-079	127.37	8月21日	17:25	3:25	0.250	5.33	
N-080	128.89	8月22日	8:45	19:58	0.070	11.53	管节供应不足
N-081	130.41	8月23日	7:30	15:05	0.330	6.92	
……							
N-087	139.52	8月26日	7:20	12:10	0.520	19.33	
N-088	141.04	8月27日	7:30	11:59	0.560	21.52	管节供应不足
N-089	142.56	8月28日	9:30	14:30	0.500	26	管节供应不足
N-090	146.08	8月29日	16:30	13:30	0.119	20.35	管节供应不足
N-091	145.6	8月31日	9:51	20:38	0.230	5.17	
N-092	147.12	9月2日	1:48	20:38	0.130	20.88	机械维修
N-093	148.64	9月2日	17:31	23:52	0.390	13.50	
……							
N-096	153.19	9月5日	1:35	13:45	0.210	0.93	
N-097	156.71	9月5日	14:41	22:58	0.300	216.62	洞门凿除
N-098	156.23	9月14日	21:35	6:31	0.280	145.60	接收井清理

续上表

管节	顶进长度(m)	开始日期	顶进时间		效率(cm/min)	停滞时间(h)	备注
N-099	157.75	9月20日	8:07	14:46	0.380	0.82	
N-100	159.27	9月20日	15:35	23:36	0.310	7.58	
N-101	160.79	9月21日	7:11	13:21	0.410	0.93	
N-102	162.31	9月21日	14:17	22:26	0.310	97.57	顶管机拆解
N-103	163.83	9月26日					

结合N线顶管顶进施工的基本情况,S线顶管施工的效率相较于N线有明显提高,仅在第131节顶进过程中因天气及弃土外运等原因出现1次48h的停滞。顶管机在始发阶段穿越6m三轴水泥加固区共历时2d,平均速率3.0m/d;穿越浅覆土段(42.975~79.69m)历时10d,平均速率3.672m/d;自始发至到达接收端地墙共58d,行程213.12m,平均速率3.674m/d。S线顶进记录分析见表3-7。

S线顶进记录分析 表3-7

管节	顶进长度(m)	开始日期	顶进时间		效率(cm/min)	停滞时间(h)	备注
顶管机	5.7	11月6日	7:43	0:46	0.5	—	
中继间	7.37	11月7日	7:53	15:59	0.8	7.12	
S-001	8.887	11月7日	20:13	1:06	0.9	4.23	
……							
S-064	56.459	11月30日	19:14	21:46	3.25	2.75	
S-065	55.978	12月1日	1:12	3:56	3.65	3.43	
S-066	57.497	12月1日	8:08	9:57	4.03	4.2	
……							
S-080	112.18	12月5日	9:33	13:39	2.99	3.88	
S-081	113.7	12月5日	15:55	18:01	3.51	2.27	
S-082	115.22	12月6日	3:03	17:29	3.15	9.03	平板车轴承损坏
S-083	116.74	12月6日	20:31	0:35	2.88	3.03	
……							
S-130	139.52	12月27日	2:49	10:47	1.32	1.75	
S-131	141.04	12月27日	13:53	29日16:57	1.0	48.22	天气及弃土外运
S-132	142.56	12月29日	20:57	9:17	1.25	4	
S-133	146.08	12月30日	10:49	18:21	1.38	1.53	
……							

3.4.3.2 全断面土压力

本工程采用的全断面土压力P_e理论计算公式如下:

$$P_e = K_0\gamma\left(h + \frac{2}{3}H\right) + \gamma_w h_w \tag{3-25}$$

式中：K_0——静止土压力系数，$K_0 = 1 - \sin\varphi$；

φ——土体摩擦角(°)，根据勘察报告，本工程粉砂内摩擦角 φ 取 29°；

γ——土的重度，本工程取 19.6 kN/m³；

h——覆土厚度(m)；

γ_w——水的重度(kN/m³)；

h_w——地下水位线到顶管机机头底部 $H/3$ 的高度(m)。

图 3-27 给出了 N 线和 S 线全断面土压力监测值与理论解的比值。由图可知，不论哪条线，两者比值整体呈现出两头大、中间小的趋势，这主要是由于土压力监测值波动所致。顶管机在加固区掘进期间实际土压力整体偏高，比值范围处在 1.4~2.4；而在常规地层监测值和理论值较为接近，N 线比值范围处在 0.8~1.2，S 线比值范围处在 1.2~1.8。对比 N 线和 S 线的比值计算结果可知，S 线的比值整体偏高，这主要是由于 S 线的顶进速度显著提高，对开挖面的地层挤压程度提升。

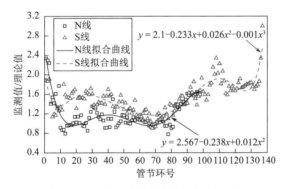

图 3-27　全断面土压力监测值与理论解比值

综合全断面的土压力监测值变化趋势来看，N 线在原状地层土压力低于 S 线，其主要原因在于 N 线的顶进速率低于 S 线，油缸推进速率的提升显著增加了开挖面土体受到的挤压作用。与此同时，N 线和 S 线顶管机在穿越水泥搅拌桩加固区时断面土压力显著增大，土层受到加固强度提升固然是主要因素，但加固区的不均匀性增加了土压力的波动幅度。通过对比理论值和实测值可以发现，理论解主要局限于准静态条件下均匀分布地层的土压力预估，然而在实际工程中，掘进速率对土压力影响显著，加上开挖地层非均匀性的影响，土压力波幅较大。因此，监测全断面土压力对评估顶管机工作状态意义巨大。

3.4.3.3　刀盘功率

本工程顶管机机头共布置 8 个刀盘，其中 2 只 ϕ3750mm 大刀盘，采用 6 台 30kW 电机；1 只 ϕ2700mm 小刀盘，采用 3 台 30kW 电机；2 只 ϕ2600mm 小刀盘，采用 2 台 37kW 电机；2 只 ϕ2500mm 小刀盘，采用 2 台 37kW 电机；1 只 ϕ2380mm 小刀盘，采用 2 台 37kW 电机，共计 15 个电机，总功率 820kW。

(1)N线刀盘功率分析

N线顶进过程中功率使用率最大的为左上小刀盘,使用率最低的为中上右刀盘,电机使用最高比率为53.6%,大多数情况处于30%~40%,总体使用率为38.26%。始发阶段穿越加固区(水泥掺量为20%的三轴搅拌桩加固)过程中,因刀盘采用低档转速,且顶进较为连续,刀盘功率使用率低于整条线,为36.34%;穿越原状土阶段电机总体使用率为37.96%;穿越接收段加固区(水泥掺量为25%的高压旋喷加固)过程中,电机功率总体使用率为42.83%,明显高于整线使用水平。N线刀盘使用功率情况如图3-28~图3-30所示。

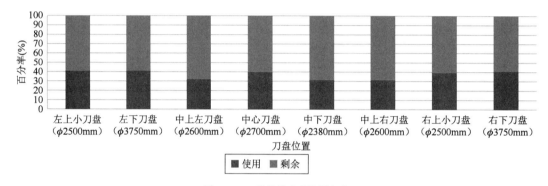

图3-28　N线总体功率使用占比

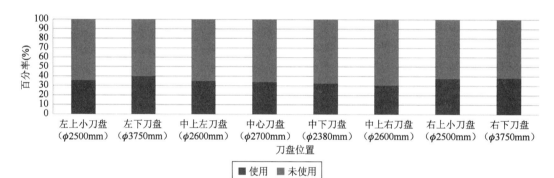

图3-29　N线始发阶段加固区电机功率使用占比

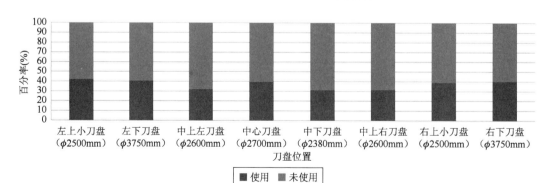

图3-30　N线穿越原状土电机功率使用占比

(2)S线刀盘功率分析

S线顶进过程中功率使用率最大的为左上小刀盘,使用率最低的为右下刀盘,电机使用最高比率为50.85%,总体情况处于38%~40%及49%~50%范围内,平均使用率为46.27%。始发阶段穿越加固区(水泥掺量为20%的三轴搅拌桩加固)过程中,刀盘功率使用占比为40.8%,低于总体使用率;穿越原状土阶段电机使用率为46.47%,与总体使用率相近;穿越接收段加固区(水泥掺量为25%的高压旋喷加固)过程中,电机功率总体使用率为56.22%,明显高于整线使用水平。S线刀盘使用功率情况如图3-31~图3-33所示。

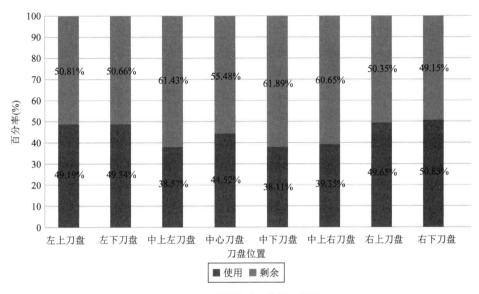

图3-31　S线总体功率使用占比图

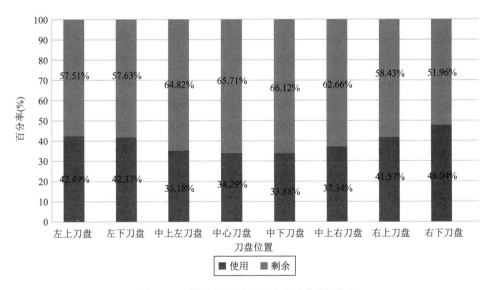

图3-32　S线始发阶段加固区电机功率使用占比

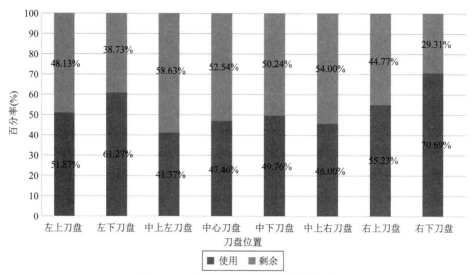

图 3-33 S 线穿越原状土电机功率使用占比

通过分别对 N 线和 S 线刀盘电机使用功率的分析可知,S 线刀盘功率的使用占比相比 N 线的更大,两者平均使用占比相差约 8%,主要原因是 S 线顶进速度更快,开挖断面承受的土压力较大,则刀盘转动时需要克服较高的扭矩。总体而言,刀盘功率使用占比不超过 50%,使用情况良好,保障顶管顺利完成贯通。

综合刀盘的使用功率可知,刀盘在掘进期间的左上、右上、左下和右下四角位置的使用功率偏高,由此可知,该位置的刀盘扭矩偏高,出现此现象的原因主要有以下两点:第一,刀盘不能完全覆盖整个开挖断面,尤其是在矩形顶管四角位置未覆盖区域较大,增加了迎面阻力;第二,四角位置的开挖土体发生的相对位移最大,需要克服较强的四周摩阻力。因此,在采用矩形顶管施工时需要重点关注四角位置的刀盘工作状态。

3.4.3.4 刀盘磨损

本工程采用的土压平衡式矩形顶管机断面尺寸为 5920mm × 9820mm(图 3-34),顶管机机头共布置 8 个刀盘,全断面总面积 57.83m²,总切削面积 49.9m²,整个刀盘切削率为 86.28%,总搅拌率 70.38%。通过对顶管机始发前新进场刀盘和隧道贯通后刀盘的使用情况进行比较分析可知,8 个刀盘均受到不同程度的磨损,其中,下半部的刀盘相较于上半部刀盘磨损情况更为严重,多数刀盘出现合金块崩开以及脱落现象,部分刀盘耐磨焊受损严重,失去耐磨焊的基本特性和作用,如图 3-35、图 3-36 所示。

刀盘出现上述磨损主要是掘进路线和开挖地层土体特性共同作用的结果。一方面,矩形顶管顶进方向为上坡方向,N 线设计坡度为 1.7%,S 线则为 1%,在顶进过程中顶管机下半部刀盘受力面积较大,导致下半部刀盘相较于上半部刀盘磨损程度大。另一方面,顶管机需全断面穿越粉砂层土质,导致整体刀盘受到较大侧向土压力及摩阻力,刀盘损伤程度随之增大。与此同时,始发井与接收井端头位置均设置跨度为 7m × 10m 的加固区,整体土体强度较大,顶管机穿越过程中土体改良措施不及时,进而导致刀盘出现合金块崩开、脱落现象。结合上述原因,采取以下三点措施:①对刀盘合金块损坏部位进行补充安装;②针对现场刀盘耐磨焊已损伤部位进行补焊加强,提升刀盘强度;③后续施工过程中加强对土体改良的措施。

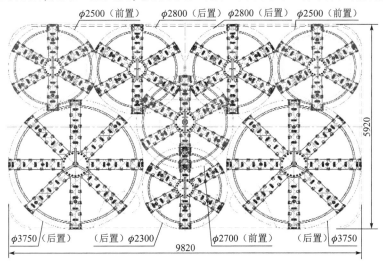

图 3-34 顶管机刀盘布置图(尺寸单位:mm)

a)

b)

图 3-35 刀盘磨损对比图

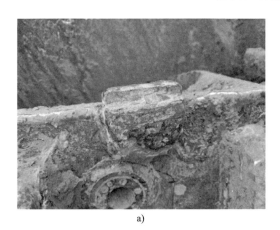
a)

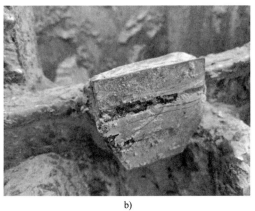
b)

图 3-36 合金块脱落及耐磨焊磨损

综合刀盘磨损及使用功率的情况可知,大断面顶管机在仰坡掘进条件下开挖面中下部分的刀盘磨损需要重点关注,因为磨损量的增加会导致刀盘切削困难,进而造成刀盘使用功率的大幅度提升,直接影响设备的使用效能。在穿越河流等障碍物时,不具备及时更换刀盘的施工条件,因而在前期准备时需要配置好刀具及减阻泥浆。

3.4.4 矩形顶管姿态控制分析

3.4.4.1 姿态控制设备及方法

本工程顶管机共设有 28 台纠偏油缸,每台纠偏油缸推力为 2000kN,纠偏总推力为 56000kN,纠偏油缸最大行程 200mm,最大纠偏角度为上下 ±2.4°、左右 ±1.26°,纠偏油缸行程可通过行程传感器在操作台上显示。纠偏液压站包括油箱、液位计、液温计、空气滤清器、吸油过滤器、高压油泵、联轴器、电动机、单向阀、压力传感器、先导溢流阀、电磁换向阀、液压锁、纠偏控制阀块和纠偏分路阀块、脱管控制阀块和螺旋出土机闸门控制阀块等部件。其中,高压油泵为轴向柱塞泵,额定压力为 31.5MPa,工作压力一般调定在 25~28MPa。安装在阀板上的溢流阀为叠加式先导溢流阀。为了确保在纠偏过程中纠偏油缸的行程保持不变,在每组纠偏油缸中均安装了液压锁。与此同时,为了保证 28 台纠偏油缸在受到较大推力或纠偏力时仍能正常工作,液压回路中还设有保护性的阀,确保操作安全可靠。此外,还集成了脱管控制阀块、螺旋出土机闸门开与关的控制阀块。纠偏系统详见图 3-37。

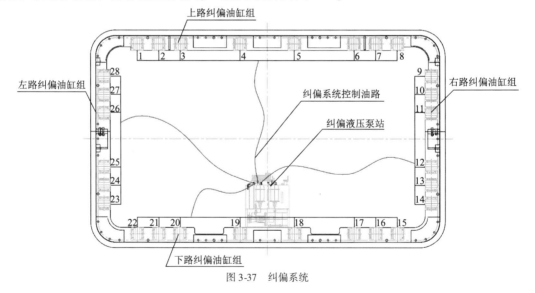

图 3-37 纠偏系统

3.4.4.2 姿态调控结果分析

图 3-38、图 3-39 给出了顶管机顶进过程中的姿态调整结果,结合工程中 N 线和 S 线的顶进距离分别为 154.9m 和 215.9m,由此可知 N 线和 S 线的平面偏差允许值分别为 ±100mm,高程偏差的允许值为 ±80mm。

图 3-38 给出了平面偏差的记录结果。对于 N 线而言,在邻近始发和接收位置的累计平面偏

差幅度最大且波动显著,其上下边界的最大偏差值分别为 30mm 和 40mm,占允许值的 30% ~ 40%,满足规范要求。出现此现象的主要原因是加固区土体的不均匀性显著高于原状地层,同时土体强度大幅提高,导致顶管操作的难度增加。S 线的变化趋势与 N 线类似,其上下边界的最大偏差幅度分别为 30mm 和 35.3mm,占允许值的 30% ~ 35.3%,满足规范要求。其中,S 线的原状地层偏差幅度相较于 N 线更大,这主要是由 S 线的顶进速率大幅提升所致。

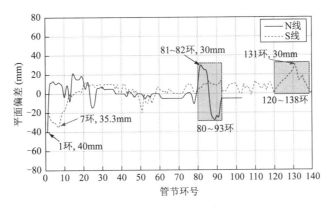

图 3-38 顶管管节平面偏差

图 3-39 给出了高程偏差的记录结果。其中,N 线的高程偏差变化规律与平面偏差基本相同,其上下边界的最大偏差值分别为 20mm 和 40mm,占允许值的 25% ~ 50%,满足规范要求。S 线的高程偏差除去突变位置外,大体稳定在 0 ~ 20mm,其上下边界的最大偏差值分别为 25mm 和 35.3mm,占允许值的 31.25% ~ 44.13%。相较于 N 线而言,S 线的高程偏差整体控制的较为稳定,尤其是对加固区施工参数做出了合理调控。

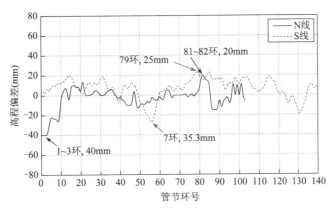

图 3-39 顶管管节高程偏差

3.4.5 矩形顶管施工引起的地层变形规律

综合工程概况可知,顶管机横断面外尺寸 9.82m × 5.92m,满足大尺寸矩形顶管的几何尺寸要求,管节横断面外尺寸为 9.8m × 5.9m(内尺寸 8.4m × 4.5m),管节长度 1.5m。顶管通道分北线(N 线,N 线为先行线)和南线(S 线,S 线为后行线)两条穿越京杭大运河。S 线河道最小覆土厚度为 4.39m,N 线最小覆土厚度为 4.45m,穿越地层为粉砂层,且上覆高水压。考虑到本项目矩形顶管工程为建造市政车行隧道,在后期运营使用中,需要承受动荷载,对管节连接的稳定性、承载力及管节结构的抗浮性有极高的要求。因此,采用数值模拟的方法,选取顶管区间最不利工况展开地层变形规律的分析。

3.4.5.1 模拟工况的选取

通过 N 线和 S 线的施工情况可知,两线管节在始发井附近净距达到最小,约为 5.34m,管节中心位置距离约为 15.14m(对应 9 号钻孔,见图 3-40);管节在运河中间航线位置时覆土厚度最小,此时,两线管节中心位置距离约为 20.64m,净距为 10.84m(对应 12 号钻孔,见图 3-41)。因此,选取 9 号和 12 号钻孔位置(分别为最小净距所在断面和最小覆土厚度所在断面)进行数值分析,钻孔的具体位置如图 3-42 所示。

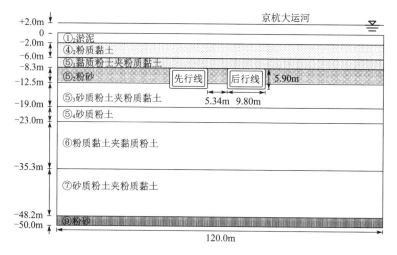

图 3-40　始发井顶管示意图(9 号钻孔)

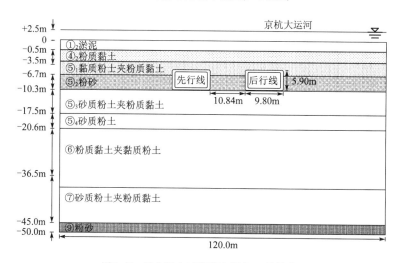

图 3-41　最小覆土时顶管示意图(12 号钻孔)

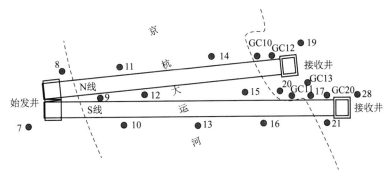

图 3-42 钻孔位置示意图

3.4.5.2 模拟分析参数确定

通过最不利工况的基本描述和顶管隧道的几何特征,此处采用平面应变的分析思路展开数值模拟分析,通过有限元软件 Plaxis 分别针对 9 号和 12 号钻孔位置进行数值建模。

为了合理表征地层开挖引起的卸载变形效应,结合所处地层的类型及主要物理力学特性,土体本构采用 HS-small 小应变土体硬化模型,通过设置 3 个刚度参数描述土体的加卸载过程,以此反映土体的小应变特性。顶管结构采用线弹性板单元模拟。表 3-8 为土体模型参数取值情况,所有土体均采用 HS-small 模型和排水模型。相关参数均根据地勘报告、设计文件的数据,并结合近似工程进行选取。模型网格采用精度最高的 15 节点的三角单元,并且对顶管隧道周边易产生沉降区域进行网格加密,其他区域采用中等网格。

土体模型参数　　　　　　　表 3-8

模型参数	①₂ 淤泥	④₂ 粉质黏土	⑤₁ 黏质粉土夹粉质黏土	⑤₂ 粉砂	⑤₃ 砂质粉土夹粉质黏土	⑤₄ 砂质粉土	⑥ 粉质黏土夹黏质粉土	⑦ 砂质粉土夹粉质黏土	⑨ 粉砂
γ_{unsat} (kN/m³)	19.3	19.3	18.9	18.9	18.9	19.0	19.4	18.9	19.5
γ_{sat} (kN/m³)	19.4	19.4	19.1	19.1	19	19.1	19.4	19	19.6
E_{50} (kN/m²)	4182	3570	4430	7540	6062	4441	4566	4012	7629
E_{oed} (kN/m²)	4182	3570	4430	7540	6062	4441	4566	4012	7629
E_{ur} (kN/m²)	25092	21420	26580	45240	26274	26650	27400	24074	45774
m	0.8	0.8	0.8	0.8	0.8	0.8	0.8	0.8	0.8
C'_{ref} (kN/m²)	14.8	25.7	16.8	3.5	4	26	16	8	3
φ' (°)	11.4	15	19.3	33.4	31.5	16	15	24	28
Ψ (°)	0	0	0	0	0	0	0	0	0
$\gamma_{0.7}$	1×10⁻⁴	1×10⁻⁴	1×10⁻⁴	1×10⁻⁴	1×10⁻⁴	1×10⁻⁴	1×10⁻⁴	1×10⁻⁴	1×10⁻⁴

续上表

模型参数	①$_2$ 淤泥	④$_2$ 粉质黏土	⑤$_1$ 黏质粉土夹粉质黏土	⑤$_2$ 粉砂	⑤$_3$ 砂质粉土夹粉质黏土	⑤$_4$ 砂质粉土	⑥ 粉质黏土夹黏土	⑦ 砂质粉土夹粉质黏土	⑨ 粉砂
G_0(kN/m^2)	25093	21421	26580	45240	36375	26650	27400	47075	45774
k_x(m/d)	0.01	0.01	0.01	0.05	0.01	0.05	0.05	0.05	0.05
k_y(m/d)	0.01	0.01	0.01	0.05	0.01	0.05	0.05	0.05	0.05
R_{inter}	1	1	1	1	1	1	1	1	1

注：表中符号 γ_{unsat} 为不饱和重度，γ_{sat} 为饱和重度，E_{50} 为割线模量，E_{oed} 为压缩模量，E_{ur} 为回弹模量，m 为刚度应力相关幂指数，C'_{ref} 为有效黏聚力，φ' 为有效摩擦角，Ψ 为剪胀角，$\gamma_{0.7}$ 为阀值剪切应变，G_0 为初始剪切模量，k_x 为水平向渗流系数，k_y 为竖向渗流系数，R_{inter} 为接触界面强度系数。

3.4.5.3 模型建立与分析流程

(1) 模型的几何尺寸及模拟步序

先行线 N 线和后行线 S 线的管节截面相同，每节管节尺寸为 9.80m×5.90m，内尺寸为 8.4m×4.5m。顶管机外尺寸为 9.82m×5.92m，计算可得开挖过程顶管安装时的体积收缩率约为 0.5%。

①先行线（N 线）模型。

数值模型左右全长 120m，约为顶管管节截面长度的 12 倍，可避免由于边界过近引起的边界效应。计算模型 1 的深度以地勘报告 9 号钻孔深度 50m 为依据，水位线为地面以上 2.00m，顶管管节主要穿越⑤$_2$ 粉砂层和⑤$_3$ 砂质粉土夹粉质黏土层，如图 3-43 所示。计算模型 2 的深度以地勘报告 12 号钻孔深度 50m 为依据，水位线为地面以上 2.53m，顶管管节主要穿越⑤$_1$ 黏质粉土夹粉质黏土层和⑤$_2$ 粉砂层，如图 3-44 所示。土体左右两侧边界限制水平方向位移，底边施加全约束，地表为自由边界。隧道衬砌结构假定为连续均匀分布，本构采用线弹性模型。

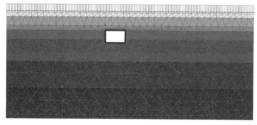

图 3-43 9 号钻孔对应 N 线模型

图 3-44 12 号钻孔对应 N 线模型

②后行线（S 线）模型。

对于后行线模型，其在先行线开挖完成后实施进一步开挖，结合 9 号、12 号钻井位置关于两条隧道线路的空间位置，分别可得相应位置的后行线模型，如图 3-45、图 3-46 所示。

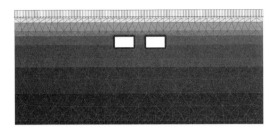

图 3-45　9 号钻孔对应 S 线模型

图 3-46　12 号钻孔对应 S 线模型

（2）模拟步序

①先行线（N 线）模型。

在模型初始应力场形成后,结合顶管的顶进过程判定先行线（N 线）开挖断面的土体应力状态依次经历以下 4 个阶段。

阶段 1：隧道开挖。刀盘切削、振动、开挖产生的一次应力状态,主要发生在开挖面,应力状态较为复杂,一方面,开挖面因开挖应力释放而产生应力松弛使得水平应力减小,另一方面,由于顶推力和平衡土舱压力作用使得水平应力增加。

阶段 2：体积损失。机头通过模拟断面、土体排出后荷载释放使得应力重新分布的二次应力状态,主要发生在管周土体中,管节附近区域的孔隙水压力增大,而周围较远处孔隙水压力减小。

阶段 3：注浆。顶进过程中,注浆作用产生的三次应力状态,主要发生在开挖边界和开挖面上,使得土体应力加载,作用在开挖边界上的注浆主要是起润滑管壁及支撑管周地层的作用,故注浆压力较大;而开挖面上主要是为减小切削力矩,注浆压力较小。根据《矩形顶管工程技术规程》(T/CECS 716—2020)建议,注浆压力应大于所在埋深地下水压约 0.04MPa,且最大可取 $(2 \sim 3)\gamma H$。根据本项目的实际埋深和水位条件,模拟所取注浆压力为 $175 kN/m^2$。

阶段 4：最终成型安装衬砌。管节的支护作用对土体产生的四次应力状态,摩擦使得土体在切向上的剪切作用增大,使得水平应力增大;管节对土体产生的挤压作用使得土体竖向应力增大,但增大的幅度要小于水平应力,管节与土体间的摩擦作用随着顶管的进行一直存在。

根据上述主要应力阶段,模拟所用的主要施工步序如图 3-47 所示。模拟中对最小埋深（12 号钻孔所在断面）模型,由于顶管距离河床表面较近,为避免开挖扰动引起地层坍塌、导致计算不收敛,计算中采用注浆、衬砌合并的模拟方法,在地层收缩后一次成型模拟管节安装。

②后行线（S 线）模型。

后行线模拟步序如图 3-48 所示。在先行线安装完管节后,进行后行线的施工模拟。机头顶进开挖时,在"分步施工"过程中,冻结（杀死）隧道开挖断面内部的所有土体类组,并将水力条件设置为"干",激活衬砌（板单元）和负向界面;机头通过所模拟断面后引起地层的体积收缩,通过对隧道衬砌设置收缩率来模拟土体损失;之后为补偿注浆,通过壁后注浆以填充隧道周围土体与隧道管节之间的孔隙。在此阶段数值模拟中,通过施加压力进行模拟,同时为突出机头刚通过时出现的管土短暂脱离,冻结代表机头外壁的板单元及界面单元;最后为安装管节,隧道内部的所有土体类组水力条件均设置为"干",最后激活代表管节衬砌的板单元和负向界面。

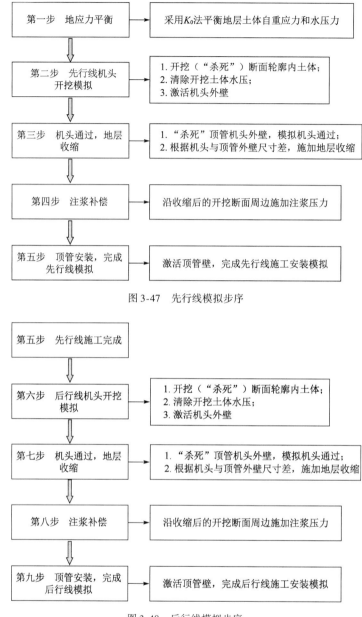

图 3-47 先行线模拟步序

图 3-48 后行线模拟步序

3.4.5.4 模拟结果分析

(1) 先行线(N 线)模型地层变形及应力分布

9 号钻孔先行线模型地层变形的模拟结果如图 3-49 所示。补偿注浆阶段在管底中部出现最大地层隆起,隆起值约为 52.0mm;衬砌安装阶段在管顶中部出现最大沉降,沉降值约为 22.3mm。9 号钻孔先行线模型地层应力分布如图 3-50 所示。在开挖卸载作用下,管顶和管底应力略小于自重应力,随着施工步的推进,应力变化越发明显,管侧应力则略有增大。总体而言,由于埋深较浅,管周地应力较小。

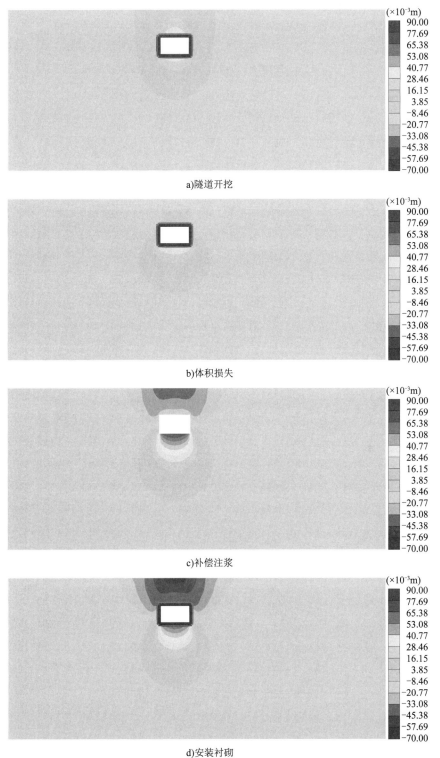

a) 隧道开挖

b) 体积损失

c) 补偿注浆

d) 安装衬砌

图 3-49　9 号钻孔 N 线模型地层变形

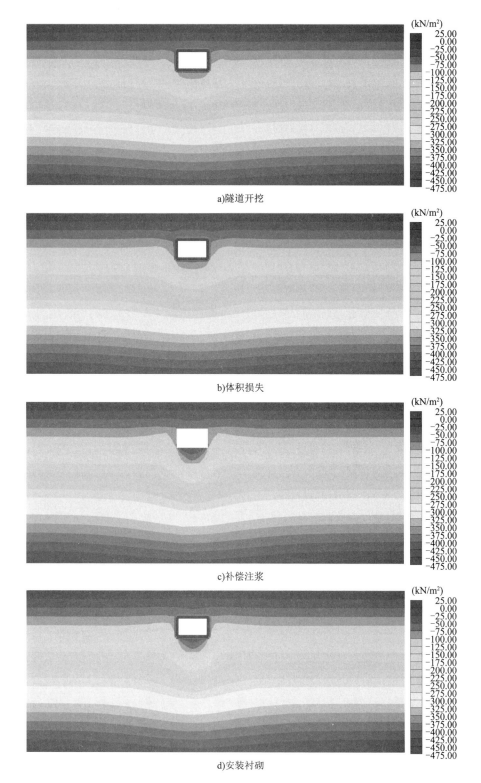

图 3-50　9 号钻孔 N 线模型土体有效应力

12号钻孔后行线模型地层变形的模拟结果如图3-51所示。地层变形与9号钻孔先行线模型的模拟结果类似,补偿注浆阶段在管底中部出现最大地层隆起,隆起值约为35.9mm;衬砌安装阶段在管顶中部出现最大沉降,沉降值约为0.8mm。12号钻孔先行线模型地层应力分布如图3-52所示。总体而言,由于埋深较浅,先行线顶管施工对地层应力的扰动较小,应力分布形式与9号孔相似。在开挖卸载作用下,管顶和管底应力略小于自重应力,随着施工步的推进,应力变化越发明显,管侧应力则略有增大。

a) 隧道开挖

b) 体积损失

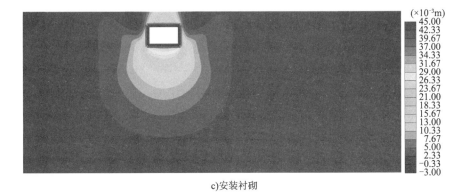

c) 安装衬砌

图3-51　12号钻孔N线模型地层变形

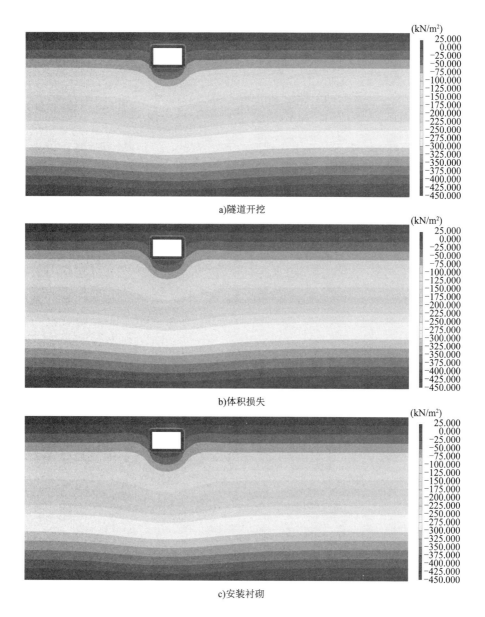

图 3-52　12 号钻孔 N 线模型土体有效应力

（2）后行线（S 线）模型地层变形及应力分布

9 号钻孔后行线模型地层变形的模拟结果如图 3-53 所示。后行线施工时最大地层隆起出现在隧道开挖步，隆起值约为 55.0mm，最大隆起位置约为先行线顶管底部；最大沉降约为 23.0mm，出现在顶管衬砌安装步，最大沉降位置约在后行线和先行线管顶中间位置。9 号钻孔后行线模型地层应力分布如图 3-54 所示。在开挖卸载作用下，先行和后行线的管顶和管底应力略小于自重应力，且随着施工步的推进越发明显。管侧应力则略有增大。总体而言，由于埋深较浅，管周地应力较小。

第3章 浅覆土高水压矩形顶管下穿京杭大运河施工关键技术

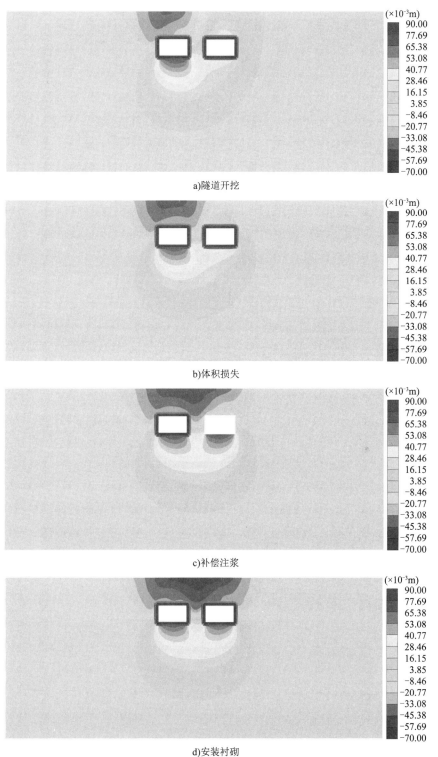

a) 隧道开挖

b) 体积损失

c) 补偿注浆

d) 安装衬砌

图 3-53 9 号钻孔 S 线模型地层变形

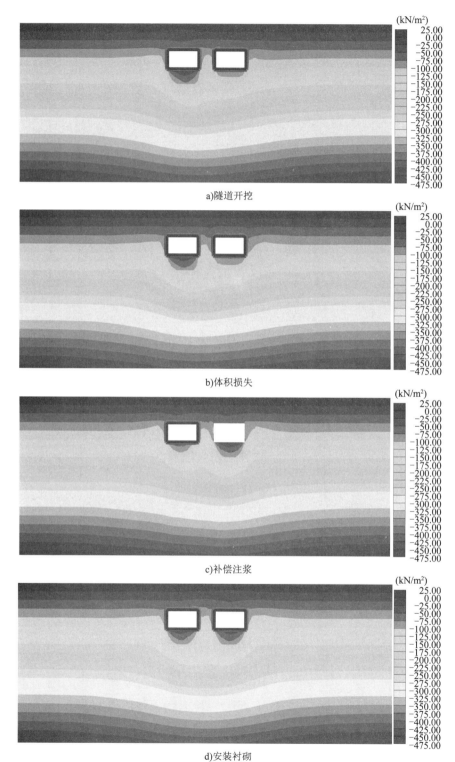

图 3-54 9 号钻孔 S 线模型土体有效应力

12号钻孔后行线模型地层变形的模拟结果如图3-55所示。后行线施工时最大地层隆起出现在隧道开挖步,隆起值约为42.7mm,最大隆起位置约在先行线顶管管底;隧道开挖步同样出现最大沉降,其值约为1.0mm,位于两线中间位置。后行线施工过程中应力分布如图3-56所示。竖向应力的分布特征与先行线施工时的主要特征相同,由于开挖卸载的影响,管顶管底处竖向应力均略小于相同埋深处的自重应力。

a) 隧道开挖

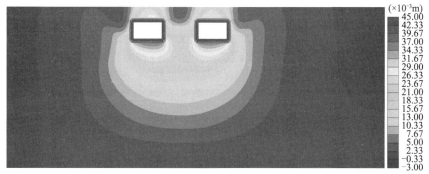

b) 体积损失

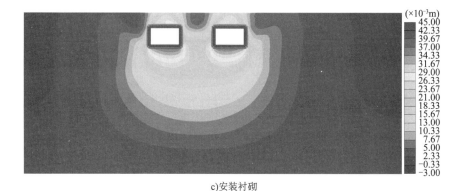

c) 安装衬砌

图 3-55　12 号钻孔 S 线模型地层变形

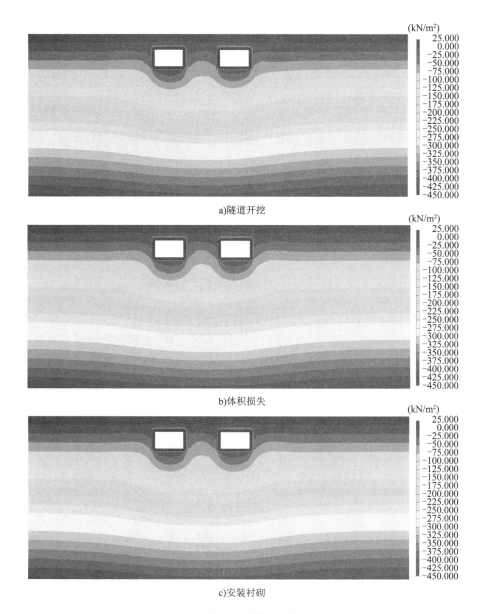

图 3-56　12 号钻孔 S 线模型土体有效应力

3.5　跨平台智能交互技术的应用研究

胥涛路对接横山路隧道工程项目使用 BIM 技术结合 CIM 技术建立三维场地模型和各类工序施工模型,在工程项目建设期间,提供可视化的模拟分析数据,辅助简化算量工作,直观审查、优化施工现场场地布置、机械设备站位及空间占用、施工图纸、施工方案等,在施工前规避问题。针对管节预制工序复杂、施工组织协调难度较大等问题,采用 BIM 技术明确施工工序流程,优化施工组织,出具技术交底。针对施工现场多种工序交叉作业管理难度大等问题,借助云计算、移动互联网、物联网、人工智能、大数据等新技术,与施工现场业务场景深度融合,建设智慧工地集成平台,形成智慧监控、移动巡检、隐患排查、动态管理、联动监测、自动预警等常态化、智能化、数字化安全管控模式。

3.5.1 BIM关键技术应用

3.5.1.1 倾斜摄影嵌入模型

采用无人机倾斜摄影技术,将现场交通导改、地形等场地情况叠加嵌入BIM模型(图3-57),采用BIM技术高精度还原模拟场地布置,合理优化施工空间,提前预判各机械设备的站位以及空间位置是否冲突,并选取最合理的机械设备及施工方案。

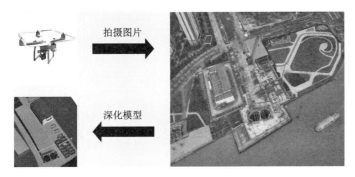

图3-57 BIM模型建立

利用该技术完成预制顶管钢筋加工棚的三维场地模型并模拟场地布置(图3-58),提供可视化的模拟分析数据,直观判断钢筋加工棚各加工分区设置是否合理,实现在有限的钢筋加工空间内的合理布置,包括钢材堆放场地、钢套环加工场地、钢筋弯曲机、钢筋切断机、成品钢筋堆放区、成品钢套环堆放区、钢筋笼拼装区等。

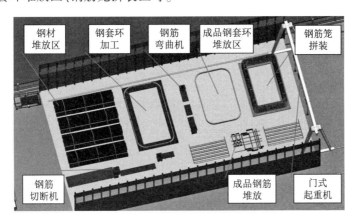

图3-58 BIM模拟钢筋加工棚场地布置

结合施工阶段的场地布置情况、围护及主体结构位置、基坑范围及深度、周边建筑物与构筑物情况、道路交通等信息,利用BIM技术建立项目各阶段施工模型,以便智能审查、优化施工图纸,根据工期安排进行施工模拟(图3-59)。

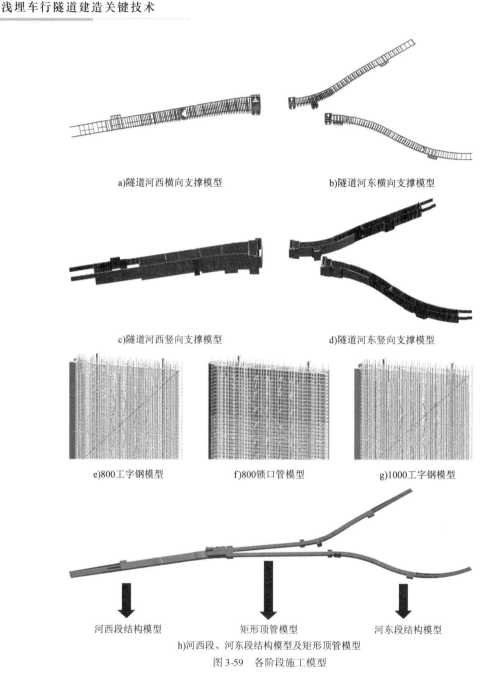

a) 隧道河西横向支撑模型　　　　b) 隧道河东横向支撑模型

c) 隧道河西竖向支撑模型　　　　d) 隧道河东竖向支撑模型

e) 800工字钢模型　　f) 800锁口管模型　　g) 1000工字钢模型

河西段结构模型　　矩形顶管模型　　河东段结构模型

h) 河西段、河东段结构模型及矩形顶管模型

图 3-59　各阶段施工模型

3.5.1.2　数据统计分析

项目成本管理是建筑施工中的关键部分,需系统且全面地统计包括工程进度支付、工程结算等在内的各类工程量数据信息,从而合理控制施工成本。目前计算工程量的方法,一是人工根据设计图纸进行算量;二是先在算量软件中根据图纸重新建模,再汇总计算工程量。二次翻模会增加烦琐的建模步骤,不仅降低了工作效率,还增加了人工算量的费用。

工程量计算,无论是人工计算还是软件计算,都需消耗大量的人力物力。但即便如此,也很难保证数据信息准确有效。

BIM 模型中存在大量具备强大计算功能的项目部件与构件信息,能快速计算出实际所需的工程量(图3-60),从而解决传统图纸统计工作中存在的统计数据烦琐的问题,降低设计、施工的难度。同时,BIM 模型可满足不同的需求,按照不同的规则进行计算,不仅能提高工作效率,简化工程量清单编制的过程,也便于协同工作。设计单位直接将图纸包含的全部信息建立到模型中,建设方通过模型直接获取所需的工程数量及价格信息,快速进行检查和复核,大幅度减少技术人员的工作量。

图 3-60　BIM 算量

3.5.1.3　智能审查优化

二维平面设计的局限性导致无法轻易辨识图纸设计时可能发生的构件碰撞。利用 BIM 模型三维可视化与碰撞检查功能进行智能碰撞检查,相关模型包括建筑模型与结构模型、结构模型与机电模型、建筑物模型与施工辅助机械设备模型等,以此对施工中机械位置、物料摆放进行合理规划,在施工前尽早规避问题,调整优化施工方案,提高施工效率和质量,缩短工期,如图 3-61 ~ 图 3-63 所示。

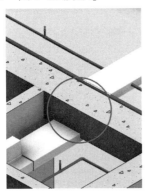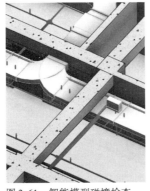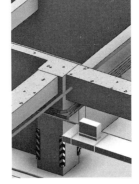

图 3-61　智能模型碰撞检查

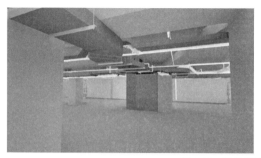 

图 3-62 设备用房机电智能模型优化

图 3-63 管线迁移模拟优化

3.5.1.4 三维可视化交底

针对管节预制工序复杂的问题,采用 BIM 技术,通过形象的三维模型、视频动画,模拟管节预制流程,指导管节预制施工;出具三维交底图纸(图 3-64),保证管节预制过程质量可控,方便工程项目建设各阶段相关人员的沟通和交流,从而提高工作效率,节约工期。

 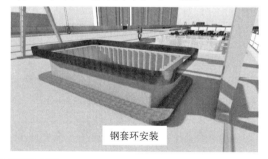

图 3-64 三维可视化交底

3.5.2 CIM 关键技术应用

基于 CIM 数据资源库,采用先进的 BIM 模型、数据统计分析等技术,建立施工现场多场景的二维、三维一体化交互平台,从宏观到微观、从整体到局部对项目管理、人员管理、设备管理等进行数字化表达,探索全面、高效、联动、新型的项目管理模式。

3.5.2.1 数字化项目管理

在 CIM 平台上应用项目场地布置模型(图 3-65),实时浏览项目周围的配套设施(图 3-66),为商业中心提供车流向的优化指导方案,拒绝在施工路段的拥堵,提供智慧停车方案,为出行减负。附近交通站则可以为出行提供更多的选择方案。

图 3-65　场地布置模型

图 3-66　项目及周围设施模型

通过每周的无人机正射和全景图片,可以直观看到施工的实际进度,辅以施工单位提供的每周工作量,表现形式图文并茂,便于汇报及专家审核讨论,如图 3-67 所示。

图 3-67　实际进度管理

3.5.2.2　系统化人员管理

由于工点分散、人员流动频繁,无法仅仅靠人员巡防和盯守来管理工地,故要求各级人员实行信息实名制认证,每天签到上岗,云端通过人脸识别系统实时记录每天进出场人数,并可在任意时间、任意地点跨平台打开任意前端的实时图像,及时掌控现场情况,如图 3-68、图 3-69 所示。

图 3-68　CIM 平台人员实名制管理

图 3-69　CIM 平台现场监控

3.5.2.3　链条化设备管理

根据模拟场地布置,细化各机械设备联动设置。例如,进出口洗车槽和施工场地的雾炮机连接扬尘噪声检测仪,当扬尘超过平均值时,自动开启雾炮机和喷淋系统并且加大洗车槽的出水量,严格控制 $PM_{2.5}$ 值处于预警值之下,达到绿色施工要求;并于 CIM 平台记录每天机械设备进出场情况、联动启用情况,合理规划设备使用,缩短工期,如图 3-70、图 3-71 所示。

图 3-70 设备联动　　　　　　　　　图 3-71 CIM 平台记录设备进出场

3.5.2.4　云办公

运用 CIM 平台进行多人在线协作办公,大大降低了繁复工作带来的失误率,提高了工作效率,并且有助于提高工作的保密性和各种信息保存的安全性。工作人员避免因为打印、拿取文件而浪费时间和精力,可以节省纸张及油耗等费用,只需通过平台实时协作办公,使用简单的操作就可以省却许多不必要的麻烦。

项目所有管理人员和现场施工员均有协同平台账号,且均通过培训,熟悉平台的质量管理流程。现场管理人员每周上传不少于 2 条质量问题,并且由相关责任人审批后整改。经过 6 个多月的推广,质量管理流程逐步得到了相关人员的认可,对提升项目质量起到了良好作用。

3.5.2.5　智能模拟施工

利用已建立完成的项目各阶段施工模型,根据工期安排跨平台进行智能施工模拟,从而找出施工计划安排中的不合理之处,并进行协调优化,如图 3-72、图 3-73 所示。

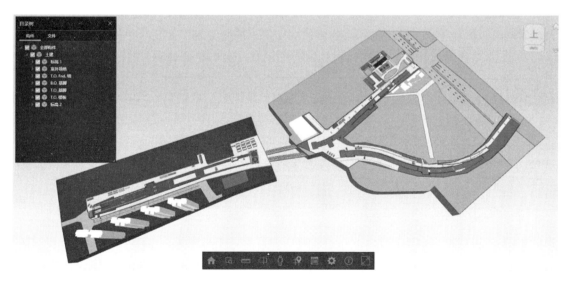

图 3-72　施工进度模型

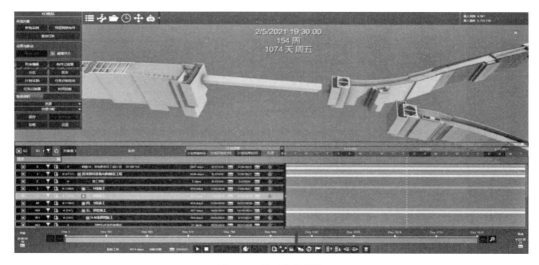

图 3-73　施工进度模拟

3.5.2.6　跨平台交互分析

基于 CIM 平台,将物料、施工信息添加其中,与 BIM 等跨平台交互,针对现场物料等实现跨平台追踪、统计,且针对进度及施工过程中的问题进行分析。

3.6　本章小结

苏州胥涛路对接横山路隧道为国内首次采用大断面矩形顶管下穿京杭大运河实现隧道开挖,属于典型的浅覆土、高水压、大断面和长距离顶管工程,开挖地层主要为高渗透性富水粉砂地层,整体施工难度大且无较为成熟的工程案例供参考。项目研究团队攻克诸多难题,提出了大断面越河矩形顶管施工由始发到接收全过程条件下的整套施工工艺及相关设备结构的设计改进方法,并结合工程参数的监测结果加以分析论证。基于此,借助云计算、移动互联网、物联网、人工智能、大数据等新技术,与施工现场业务场景深度融合,建设智慧工地集成平台,具体成果如下:

①通过理论分析验证了 SMW 工法桩能够有效提高大断面矩形顶管始发洞门土体稳定性,提出在始发及接收洞门位置采用密插的方式布设型钢规格为 700mm × 300mm × 13mm × 24mm 的 SMW 工法桩,以增强大断面洞门的自稳性和止水性,结合 $\phi1000$mm 地下连续墙 + 内支撑的基础设计,有效提高了矩形顶管始发及接收过程的安全性。

②考虑到施工工作井邻近京杭大运河,针对大断面矩形顶管始发井及接收井设计了一种特制的止水套箍以加强洞门防水。通过区分始发井出洞装置和接收井进洞装置防水结构的区别,采用橡胶板将第三级防水结构与前两级防水结构形成紧密联系,形成特定人字形结构。在此基础上,利用盾尾刷结构,结合带销套的翻板和厚钢板将帘布橡胶板设置在洞门内预埋钢环上,形成双重柔性防水层,达到整体防水效果。

③结合多种理论方法,针对浅覆土、高水压、大断面和长距离矩形顶管施工工况推导出

顶力计算公式。与此同时，提出了管节外侧涂蜡和注入触变泥浆两种措施以实现顶管减阻，且顶管机须保持连续顶进，以保证管节外的触变泥浆不会因为长时间停滞而流失。在此基础上，提出了一种矩形顶管机外边缘的加注触变泥浆的防背土结构，以保证注浆减阻过程顺利进行。

④通过在纠偏油缸尾部设置研发的测压装置，实现顶管顶进过程全断面土压力的监测，并得出常规地层土压力监测值为理论值的0.8~1.8倍。结合顶管机相关参数的监测结果，分析了顶管机的工作状态，提出了不同工程问题下的设备参数调控方法。

⑤针对矩形顶管侧翻问题，独创性地采用套筒式注泥泵以纠正矩形顶管偏差，通过注泥孔注入泥土并结合纠偏油缸实现顶管机快速纠正。通过分析顶管机的姿态偏差情况得到了N线和S线最大平面偏移量分别占允许偏移量的40%和35.3%，最大高程偏移量分别占允许偏移量的50%和44.13%，偏差结果均符合顶管隧道成型质量规范要求。

⑥通过数值模拟研究了顶管开挖过程中引起的地层变形情况。由于浮力和地层应力释放的影响，地层整体表现为隆起状态，后行线对地层变形的影响相较于先行线更为显著。

⑦针对施工现场多种工序交叉作业管理难度大等问题，借助云计算、移动互联网、物联网、人工智能、大数据等新技术，与施工现场业务场景深度融合，建设智慧工地集成平台，形成智慧监控、移动巡检、隐患排查、动态管理、联动监测、自动预警等常态化、智能化、数字化安全管控模式，对项目管理进行全方位、立体化的实时监管、实时反馈，为现场管理及项目管理带来新思维、新方法，成本节约、工期缩短、质量管控迈上新的台阶。

第4章

大断面浅埋矩形顶管并行下穿京杭大运河力学响应现场监测

4.1 引言

在岩土工程中,由于地质条件、荷载条件、材料性质、地下构筑物的受力状态和力学机理、施工条件以及外界其他因素的复杂性,很难单纯从理论上预测工程中可能遇到的问题,而且理论预测值还不能全面准确地反映工程的各种变化。所以,在理论分析指导下有计划地进行现场监测是十分必要的。监测是将工程施工质量及其安全性用相对精确的数值进行解释表达的一种定量方法和有效手段,是对工程设计经验安全系数的动态诠释,是保证工程顺利完成的必需条件。在预先周密安排好的计划下,在适当的位置和时刻用先进的仪器进行监测可收到良好的效果,特别是在工程师根据监测数据及时调整各项施工参数,使施工处于最佳状态方面起到日益重要的、不可替代的作用。通过先进可靠的手段,建立一个严密的、科学的、合理的监测控系统,确保工程及其周围环境在施工期间的安全稳定。通过监测工作,达到以下目的:

(1) 及时发现不稳定因素

土体成分的不均匀性、各向异性及不连续性决定了土体力学的复杂性,加上自然环境因素的不可控影响,必须借助监测手段进行必要的补充,以便及时获取相关信息,确保基坑稳定安全。

(2) 验证工艺,指导施工

通过监测可以了解实际变形,用于检验顶管施工方案与实际符合程度,并根据变形情况为确定顶管机施工参数提供有价值的指导性意见。

(3) 保障业主利益

通过对周边环境监测数据的分析,调整施工参数、施工工序等,确保施工的正常进行,有利于保障业主利益。

(4) 分析区域性施工特征

通过对顶管施工过程中监测断面数据的收集、整理和综合分析,了解监测断面的实际变形情况及顶管施工的影响范围,分析区域性施工特征。

4.2 矩形顶管并行下穿京杭大运河现场监测方案

4.2.1 监测依据

考虑到大断面超浅埋矩形顶管下穿京杭大运河施工过程中存在较大风险源,对施工期间顶管管节的应力变化、管外土压力以及后顶进管对先顶管的影响进行监测意义重大。监测依据如下:
①《矩形顶管工程技术规程》(T/CECS 716—2020);
②《综合管廊矩形顶管工程技术标准》(DB32/T 3913—2020);
③《顶管工程设计标准》(DG/TJ 08-2268—2019);
④《建筑基坑工程监测技术标准》(GB 50497—2019);
⑤《工程测量标准》(GB 50026—2020);
⑥《岩土工程勘察规范》(GB 50021—2001)(2009 年版);
⑦《城市轨道交通工程监测技术规范》(GB 50911—2013)。

4.2.2 监测内容

(1)左右线(N 线/S 线)矩形顶管隧道受力特性

通过布设钢筋应力计,监测矩形顶管顶进过程中管壁嵌入钢筋的内力变化;通过布设土压力盒,监测矩形顶管顶进过程中管节的外侧水土合力。

(2)后行线(S 线)施工对先行线(N 线)管节的影响规律

通过在 N 线的横向和纵向选取断面布设分布式光纤,监测 S 线施工对 N 线管节变形的影响规律;通过在 N 线相邻管节之间布设位移传感器,监测 S 线施工对 N 线相邻管节张开量的影响规律。

(3)矩形顶管施工全过程的掘进参数

施工期间,要掌握盾构机的掘进参数、掘进数据以及每天的施工记录。

4.2.3 监测点布设方案

两条矩形顶管的顶进区间共布置 5 个监测试验管节。其中,第一根顶管即 N 线,监测 3 个管节;第二根顶管即 S 线,监测 2 个管节。第一个监测断面距离始发井 5~10m。隧道管节的环向内力采用钢筋应力计测试,管壁接触压力采用土压力计测试,管道应变采用分布式光缆监测。监测断面位置如图 4-1 所示。

苏州矩形顶管项目 N 线共监测 3 根管节,分别是 10 号、40 号和 85 号管节。10 号管节传感器布点位置如图 4-2 所示。

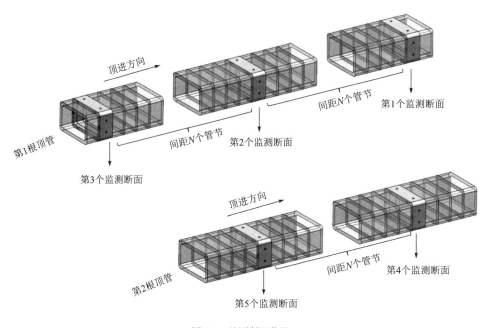

图 4-1 监测断面位置

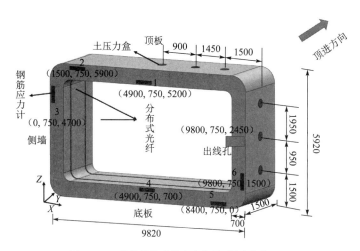

图 4-2 10 号管节传感器布点位置(尺寸单位:mm)

4.2.3.1 钢筋应力计布设

①钢筋应力计未焊接前,用读数仪检测传感器是否完好,避免使用不合格的传感器。以钢筋应力计自带编号作为管节布设点标记,布设点位与钢筋应力计自带编号一一对应。

②确定钢筋应力计布设位置后,点焊钢筋应力计,采用绑焊的形式安装,如图 4-3 所示。

③钢筋应力计点焊结束后,用读数仪再次检测焊接后钢筋应力计是否完好。将 6 条钢筋应力计导线统一牵引至管侧右端墙内壁处引出。

④待钢筋笼起吊入模后,将导线全部置入专用接线筒,并盖上密封盖板,防止浇筑过程中混凝土进入。

⑤混凝土浇筑完成拆模后,复测钢筋应力计读数是否正常,并检查导线是否完整,准备下一次接线。

图 4-3　钢筋应力计焊接示意图

管节示意如图 4-4 所示。

图 4-4　管节示意图

4.2.3.2　土压力盒布设

①土压力计布设点位确定后,焊接土压力计预制钢管(图 4-5),为后面土压力计预留埋设及导线引出位置。

②土压力计预制钢管两端端口进行防水密封处理(封堵材料为泡沫块+纸板),如图 4-6 所示。

③混凝土浇筑完成拆模后,安装土压力盒。安装前检查土压力盒是否正常,确定可以正常使用后进行安装,采用植筋胶和水泥进行固定和密封。待土压力盒固定完成 6h 后,采用水泥砂浆+聚氨酯对接线孔内部进行填充,防止渗漏。土压力盒安装前后如图 4-7 所示。

图 4-5　土压力计预制钢管

a)

b)

图 4-6　土压力计预制钢管防水密封处理

a)

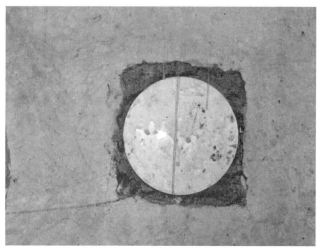
b)

图 4-7　土压力盒安装前后示意图

④土压力盒的线头应做好保护措施,粘贴在管片表面。待密封填充的砂浆和聚氨酯施工12h以上后,拧紧接线孔堵头,将全部连接线固定在管道内壁右侧,并做好防水措施。

⑤待管节下井后,将模块采集线和监测仪器的连接线连接,并进行固定和测试。采集模块的接口编号和钢筋计、土压力盒的编号一一对应。安装完成后管节内部情况如图4-8所示。

a)   b)

图4-8 监测仪器安装完成示意图

4.2.3.3 分布式光纤布置

通过分布式光纤测量管节混凝土应变,表面应变光纤安装方式为通过环氧树脂粘贴在顶管内侧表面(图4-9)。对应3个管节,每个管节1圈计20m,因此总长为60m。

表面应变测量采用的是分布式玻璃纤维复合基光缆,其具有一定的宽度,可以获得更多的接触面积以提升耦合性和变形传递性,同时具有重量轻、质软、布设简单且不易脱落的优点,使传感器工作更加可靠。光缆上下全部采用高强度的工程织布保护,提高了传感光纤的成活率。该光缆的附着母体为玻璃纤维布及芳纶布等材质的织物条带,通过缝合或编织方式与复合织物附着成一体。玻璃纤维复合基光缆内嵌入0.9mm高传递紧包护套应变感测光缆,如图4-10所示。

光纤的安装过程如下:

第一步:光缆准备。熔接分布式玻璃纤维复合光缆的一端(光缆中两根光纤熔接),另一端的一根光纤接光纤跳线,并打灯检测所用光纤的合格性。

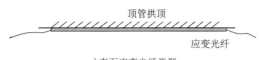

a) 表面应变光纤类型

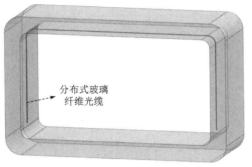

b) 表面应变光纤位置

图 4-9　光纤安装形式示意图

性能特点及技术参数		
参数类型	参数值	
光纤类型	SMG.652b	
光缆类型	HY	聚酰亚胺弹性护套
纤芯数量	1	1
光缆直径(mm)	0.9~1.5	2.0~4.0
光缆质量(kg/km)	1.5	2

a)　　　　　　　　　　　　　　b)

图 4-10　分布式玻璃纤维复合基光缆实物图与技术参数

第二步：粘贴准备。将光缆筒借助钢筋缠绕在脚手架上，拉出光纤一端（两根熔接的），准备沿着管节环向粘贴。

第三步：管节光缆粘贴。从已熔接端开始，用喷胶初步固定管节顶部光缆（图 4-11），用手沿着一个方向抹平光缆（一定要按压至紧密贴合）。在光缆上部涂刷一层浸渍胶待干，用作保护层。待 1~2h 后，在光缆表面继续刷一层浸渍胶，用作加强保护层。

第四步：光缆粘贴完成后，用剪刀裁剪到指定长度，熔接跳线，该跳线供解调仪数据采集用，并打灯检验光纤是否为通路。

第五步：光缆一端用胶布保护，另一端缠绕后悬挂在侧墙上，如图 4-12 所示。

 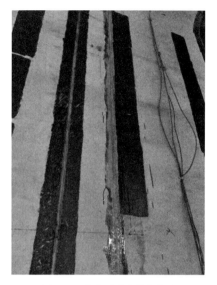

图 4-11　喷胶初步固定光缆　　　　图 4-12　管节环形光缆安装后

4.2.3.4　W 字形分布式应变感测光缆布置

将分布式应变感测光缆沿着隧道轴向,在隧道侧壁按 W 字形安装布设,光缆固定在每个管片上的亚克力圆盘上。通过平面几何关系将管节轴向沉降转换为光缆的轴向拉伸变形,由此可知每个管片间的相对沉降变形。斜边设计为 1.72m,竖向高度为 0.8m,管片接缝宽度为 2~3cm,管片宽度为 1.5m。整体设计方案如图 4-13 所示。

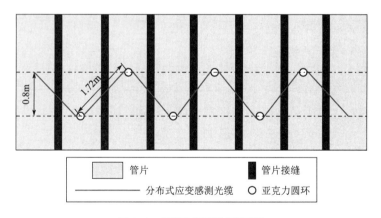

图 4-13　沉降监测光缆布设示意

管节差异沉降采用高传递紧包护套应变感测光缆通过固定圆环 W 字形布设。W 字形布设光缆监测管片竖向差异沉降的计算原理是假定光缆拉伸均是由管片竖向沉降变形引起的,横向收敛或横向位移对监测结果的影响可以忽略不计。计算差异沉降时首先分别计算出 1.72m 斜边范围内的位移变化量,然后以第一个点为基准不动点,光缆向上记为正值,光缆向下记为负值,所有计算结果累加之和就是累计沉降量。

安装过程为:

第一步:采用墨斗弹线和卷尺测量斜边长度来标记亚克力圆环的位置。

第二步:在标记点使用结构胶将亚克力圆环固定在管片侧墙上,如图 4-14 所示。

第三步:为易区分分布式光缆区间,采用 ABAB 方式对光缆进行固定,即 A 对应 5000με, B 对应 7000με。预拉伸 0.7kg 对应定点应变感测光缆的应变量 5000με,预拉伸 1kg 对应定点应变感测光缆的应变量 7000με,预拉伸安装之后可以提供 −20~20mm 的测试量程,如图 4-15 所示。预拉完成后采用紫外光固化胶对圆环和光缆进行预固定,如图 4-16 所示。

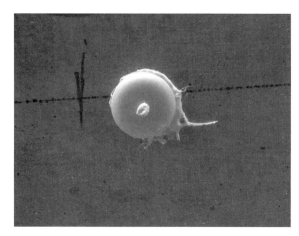
图 4-14　将亚克力圆环用结构胶固定于指定点位

图 4-15　拉力称预拉

a)

b)

图 4-16　紫外光固化胶预固定

第四步:将快速固化胶打满圆孔,起到牢固固定光缆和圆环的作用,如图 4-17 所示。

由于管片侧墙存在障碍物,采取灵活更换点位的方式绕过,其中 W 字形斜边长具体见表 4-1。

图 4-17 快速固化胶实现光缆和亚克力圆环的稳固固定

斜边长统计　　　　　　　　　　　　　　　　　表 4-1

墙壁位置	相邻管片编号	斜边长(cm)
北侧墙	52~53	134
南侧墙	10~11	139
	39~40	168
	40~41	117.5
	52~53	120
	其余	172

4.2.3.5 裂缝计布置

研究在建管道对于已建管道的影响。在第二根顶管施工期间,已建好的第一根顶管可以进入,在监测管节与相邻管节间布设裂缝计,获取管节间的错台变形量。裂缝计跨越管节接缝固定安装,实时获取两个管节间的拉伸与收缩位移变化。因为目前监测管节为3个(第10号管节、第40号管节和第80号管节),因此,在9号与10号管节、39号与40号管节、79号与80号管节的两侧墙接缝处分别安装裂缝计,一共6根。

安装过程:位移计顺向采用配套骑马卡和膨胀螺栓固定在一个管片侧壁上,将位移计大致拉伸至满量程1/2左右(保证能够测量拉伸和压缩方向的变形)后固定在另一个管片侧壁上,如图4-18所示。

图 4-18 裂缝计安装

4.2.4 N 线管节监测点监测

4.2.4.1 10 号管节监测点现场安装

10 号管节开始顶进时间:2021 年 7 月 13 日 22:04。

钢筋应力计与土压力盒测点分别见表 4-2 和表 4-3。

为保证每一环节进行后监测仪器的正常,共手动采集 4 次,分别是仪器安装前、点焊后、混凝土浇筑后、下管节前。下管后,采用设备读取初始值,并导入系统。

10 号管节钢筋应力计布设点编号　　　表 4-2

编号	对应的钢筋应力计自带编号	点焊后钢筋应力计读数仪频率值(Hz)	混凝土浇筑后钢筋应力计读数仪频率值(Hz)	初始值(Hz)
1	100653	1497.5	1441.9	1596.4
2	101166	1555.9	1413.9	1450.2
3	101918	1505.9	1363.4	1466.4
4	102183	1499.1	1425.4	1575.6
5	101697	1497.9	1373.5	1358.1
6	102005	1498	1358.5	1559.6

1 号和 4 号钢筋应力计焊接在内主筋,2 号、3 号、5 号、6 号钢筋应力计焊接在外主筋。6 个钢筋应力计中,1 号、2 号、3 号、4 号的导线长度为 16m,5 号和 6 号(靠近出线孔处)的导线长度为 6m。钢筋应力计和土压力盒在厚度方向布设点位置取厚度中间处(约 750mm)。

10 号管节土压力盒布设点编号 表 4-3

编号	对应的土压力盒自带编号	安装后土压力盒读数仪频率值(Hz)	初始值(Hz)
1	04054	1142.7	1160.5
2	04085	1225.9	1233.7
3	04125	1205.7	1204.9
4	04172	1262.4	1269.3
5	04154	1275.1	1283.1
6	04026	1167.8	1168

10 号管节钢筋应力计和土压力盒共采用 1 个八通道采集模块 1025 和 1 个四通道采集模块 1021。钢筋应力计 1~6 号对应八通道 1025 的 CH1~CH6，土压力盒 1~2 号对应八通道 1025 的 CH7~CH8，土压力盒 3~6 号对应四通道 1021 的 CH1~CH4。监测点布置如图 4-19 所示。

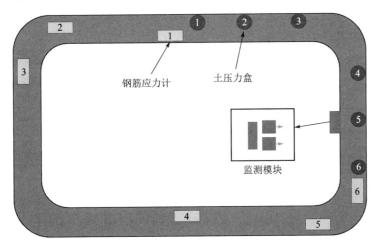

图 4-19 监测点布置

4.2.4.2 40 号管节监测点现场安装

40 号管节开始顶进时间：2021 年 7 月 29 日 23:30。

监测点布置同 10 号管节。钢筋应力计与土压力盒测点分别见表 4-4 和表 4-5。

40 号管节钢筋应力计布设点编号 表 4-4

编号	对应的钢筋应力计自带编号	点焊后钢筋应力计读数仪频率值(Hz)	混凝土浇筑后钢筋应力计读数仪频率值(Hz)	初始值(Hz)
1	100620	1576.7	1502.5	1682
2	101508	1577.2	1437.6	1405.3
3	100580	1515.7	1350.6	1445.2
4	101118	1510.4	1407.9	1513.5
5	102089	1477.1	1394.8	1399.6
6	101135	1504.5	1398.3	1501.2

40 号管节土压力盒布设点编号 表 4-5

编号	对应的土压力盒自带编号	安装后土压力盒读数仪频率值(Hz)	初始值(Hz)
1	04123	1180.9	1164
2	04043	1277.1	1271.8
3	04037	1239.8	1242.8
4	04055	1259.1	1240.4
5	04092	1217.8	1158.2
6	04144	1212.3	1161.6

40 号管节钢筋应力计和土压力盒采用 1 个八通道采集模块 1026 和 1 个四通道采集模块 1019。钢筋应力计 1~6 号对应八通道 1026 的 CH1~CH6,土压力盒 1~2 号对应八通道 1026 的 CH7~CH8,土压力盒 3~6 号对应四通道 1019 的 CH1~CH4。

4.2.4.3　85 号管节监测点现场安装

85 号管节开始顶进时间:2021 年 8 月 25 日晚(8 月 26 日 18:00 开始采集数据)。

监测点布置同 10 号管节。钢筋应力计与土压力盒测点分别见表 4-6 和表 4-7。

85 号管节钢筋应力计布设点编号 表 4-6

编号	对应的钢筋应力计自带编号	点焊后钢筋应力计读数仪频率值(Hz)	混凝土浇筑后钢筋应力计读数仪频率值(Hz)	初始值(Hz)
1	101734	1560.2	1511.1	1594.88
2	101502	1531.7	1444.4	1494.16
3	102077	1556.2	1451.4	1524.19
4	100789	1552.1	1483.7	1582.55
5	102131	1511.9	1419.8	1470.25
6	101167	1546.7	1441	1514.92

85 号管节土压力盒布设点编号 表 4-7

编号	对应的土压力盒自带编号	安装后土压力盒读数仪频率值(Hz)	下管节之前读数仪频率值(Hz)	初始值(Hz)
1	04066	1287.7	1290.9	1287.51
2	04152	1205.6	1219.8	1205.08
3	04061	1186.9	1194.5	1183.99
4	04160	1230.5	1419	1435.47
5	04122	1213	1227.1	1239.1
6	04073	1269.8	1287.4	1309.69

85号管节钢筋应力计和土压力盒采用1个八通道采集模块1027和1个四通道采集模块1020。钢筋应力计1~6号对应八通道1027的CH1~CH6,土压力盒1~2号对应八通道1027的CH7~CH8,土压力盒3~6号对应四通道1020的CH1~CH4。

需要说明的是,85号管节因现场施工,数据采集从8月26日18点开始,此时85号管节已经完全与土体接触,86号管节顶进约50cm。此时的管节已经处于受力状态(读取初值时已经停止顶进),故钢筋应力计读数存在偏差,但土压力影响较小。

4.3 矩形顶管并行下穿京杭大运河监测结果分析

4.3.1 N/S线矩形管节监测结果分析

4.3.1.1 管节钢筋受力分析

由于受到重力、覆土压力、地下水压力和注浆压力等多级荷载作用,管道顶进过程中的应力分布是十分复杂的。管道钢筋的受力状态能一定程度上反映管道横向受力情况。因测点数目较多且测试周期较长,为了便于在图上表示,选取1、4、6号钢筋应力计所测数据,分别代表管节顶板(简称管顶)、管节底板(简称管底)以及管节右侧墙(简称管右)的钢筋内力。

(1)10号管节钢筋受力分析

图4-20表示10号管节的钢筋内力分布。从实测结果来看,管节在顶进过程中即在各试验阶段,钢筋内力读数大小不尽相同,但随着时间的增加、工序的变化,内力大小范围和变化规律基本类似。其中,与管顶和管右相比,管底的钢筋内力监测数据较为离散,内力波动范围较大,管右的钢筋内力始终保持较为平稳。其次,总体而言,与管右和管顶相比,管底的钢筋内力较大。因考虑到顶管施工过程中工序变化造成传感器异常波动,进而造成监测误差,选取监测数据的整体集中分布数值作为分析值。可以发现,总体而言,管节顶进过程中管右的钢筋最大内力约为36.9kN,管顶约为149.3kN,管底约为177.6kN,而单根直径28mm的HRB400钢筋屈服拉力约为246.2kN,极限拉力约为338.5kN,表明所测管节的钢筋内力均符合强度要求。

(2)40号管节钢筋受力分析

图4-21表示40号管节的钢筋内力分布。从实测结果来看,与10号管节类似,管节在顶进过程中钢筋内力读数大小不尽相同。随着时间的增加、工序的变化,存在相似的内力大小范围和变化规律。管底的监测数据较为离散,内力变化范围较大,管右的钢筋内力始终保持较为平稳。其次,与管顶和管右相比,管底的钢筋内力较大。因考虑到顶管施工过程中工序变化造成传感器异常波动,进而造成监测误差,选取监测数据的整体集中分布数值作为分析值。可以发现,总体而言,管右的钢筋最大内力约为61.2kN,管顶约为159.2kN,管底约为206.7kN,而单根直径28mm的HRB400钢筋屈服拉力约为246.2kN,极限拉力约为338.5kN,表明所测管节的钢筋内力均

符合强度要求。

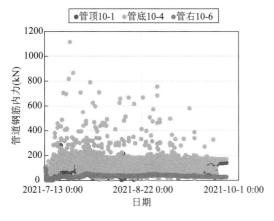

图 4-20 10 号管节钢筋内力分布

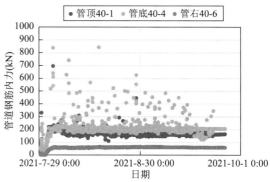

图 4-21 40 号管节钢筋内力分布

(3) 85 号管节钢筋受力分析

图 4-22 表示 85 号管节的钢筋内力分布。从实测结果来看,管节在顶进过程中即在各试验阶段,钢筋内力读数大小不尽相同,但随着时间的增加、工序的变化,内力大小范围和变化规律基本类似。其中,与管右相比,管底和管顶的钢筋内力监测数据较为离散,内力波动范围较大,管右的钢筋内力始终保持较为平稳。因考虑到顶管施工过程中工序变化造成传感器异常波动,进而造成监测误差,选取监测数据的整体集中分布数值作为分析值。可以发现,总体而言,管底的钢筋最大内力约为 194.9kN,管顶约为 204.1kN,管右约为 33.3kN,而单根直径 28mm 的 HRB400 钢筋屈服拉力约为 246.2kN,极限拉力约为 338.5kN,表明所测管节的钢筋内力均符合强度要求。

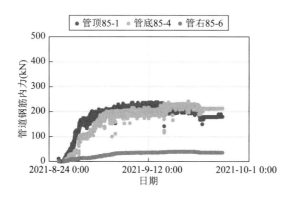

图 4-22 85 号管节钢筋内力分布

钢筋内力监测主要针对轴向应力展开,因此,选取结构内力验算结果参与讨论分析。由验算结果可知,正常使用和极限承载两种条件下的最大、最小轴力分别为 481kN、1197kN 和 714kN、1778kN,实际监测得到的内力最大值主要集中分布于 200～400kN,零星达到 900～1000kN。由此可见管节的整体设计完全满足实际工程的需求。

4.3.1.2 管节环向土压力分析

对管道与土之间的接触压力进行测试,与管道内力测试同时进行。同管道内力监测分析一致,分别选取10号、40号以及85号管节的测试结果进行分析。因测点数目较多且测试周期较长,为了便于在图上表示,选取1号和5号土压力监测数据,分别代表管节顶板(简称管顶)以及管节右侧墙(简称管右)的土压力监测数据,分析管节在顶进过程中的管土压力变化。

(1)10号管节土压力分析

图4-23表示10号管节的土压力分布。从实测结果来看,总体而言,随着施工时间的增加、工序的变化,所监测的管节土压力数值波动较大。与管顶相比,管右的土压力数值波动较小。另外,管顶的土压力值略大于管右。因考虑到顶管施工过程中工序变化造成传感器异常波动,进而造成监测误差,选取监测数据的整体集中分布数值作为分析值。可以发现,总体而言,管顶的最大土压力值为0.71MPa,管右为0.66MPa,均符合管节C50强度等级混凝土的抗压强度要求。

(2)40号管节土压力分析

图4-24表示40号管节的土压力分布。从实测结果来看,与10号管节类似,随着施工时间的增加、工序的变化,所监测的管节土压力数值存在波动,但与10号管节相比,波动较小,趋于稳定。另外,与10号管节不同的是,管右的土压力值略大于管顶。因考虑到顶管施工过程中工序变化造成传感器异常波动,进而造成监测误差,选取监测数据的整体集中分布数值作为分析值。可以发现,总体而言,管右的最大土压力值为0.21MPa,管顶为0.15MPa,均符合管节C50强度等级混凝土的抗压强度要求。

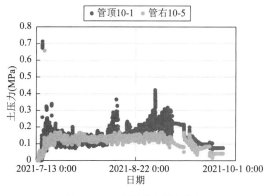

图4-23 10号管节土压力分布

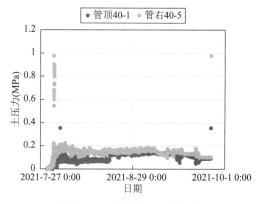

图4-24 40号管节土压力分布

(3)85号管节土压力分析

图4-25表示85号管节的土压力分布。从实测结果来看,与10号管节和40号管节相比,随着施工时间的增加、工序的变化,所监测的管节土压力数值波动较大。总体而言,管土压力比10号以及40号管节小。另外,管顶的土压力值略大于管右,这与10号管节类似,但与40号管节相反。因考虑到顶管施工过程中工序变化造成传感器异常波动,进而造成监测误差,选取监测数据的整体集中分布数值作为分析值。管顶的最大土压力值为0.38MPa,管右为0.35MPa,均符合管节C50强度等级混凝土的抗压强度要求。

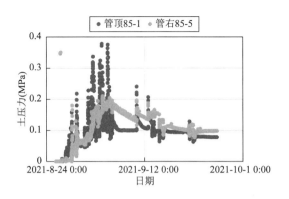

图 4-25　85 号管节土压力分布

4.3.2　后顶管(S 线)对先顶管(N 线)的影响

4.3.2.1　矩形顶管(N 线)环向应变分析

(1) 10 号管节环向应变分析

随着 S 线施工的推进,10 号管节北环向光纤测得管节北侧壁的变形量高于南侧壁,这可能是由于 10 号管节距加固区较近,受力情况复杂。就管顶的变形来看,南侧的变形量大于北侧,这可能与 S 线施工的影响范围有关。随着 S 线顶进距离的增加,10 号管节环向变形增加,最终管节环向变形向特定的规律发展,如图 4-26 所示。

(2) 40 号管节环向应变分析

40 号管节的环向变形,在靠近南侧底角处,变形量随 S 线施工的推进逐渐增加,为压缩变形,其他位置的变形为拉伸变形。管节整体的环向变形量非常小,如图 4-27 所示。

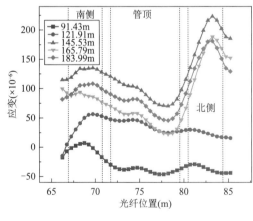
图 4-26　10 号管节环向应变

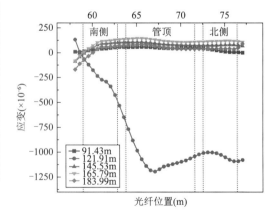
图 4-27　40 号管节环向应变

(3) 85 号管节环向应变分析

85 号管节环向南北两侧以压应变为主,其中北侧变形量较大,这可能是壁后注浆等工艺所致。由于 85 号管节距 S 线较近,受后者施工影响偏大且时间早,其地应力释放也可能对管节环向变形有一定的影响。且 85 号管节施工完成的时间距 S 线施工的时间短,其本身的地应力也可能是导致出现图 4-28 中环向变形的因素。

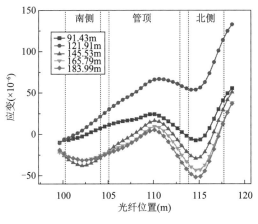

图 4-28 85 号管节环向应变

4.3.2.2 矩形顶管(N 线)纵向应变分析

选取 S 线累计顶进距离分别为 121.91m、145.53m 和 165.79m,分析管节整体轴向变形与弯曲变形。在分析时,用光纤的应变实测值(按 W 字形布设)近似代表管节轴向应变值,选取 5～100 号管节计算,图中位置的 0 点取 100 号管节位置。

(1) 5～100 号管节南、北侧应变分析

从 5～100 号管节光纤的实测值可以看出,北侧只有个别点的拉应变超过 0.2%,考虑到光纤在布设和测量时的误差,可将此值忽略。随着 S 线的顶进,北侧光纤的实测应变增加,但都处在允许的范围之内。如图 4-29、图 4-30 所示,随着 S 线的施工,50 号管节附近的光纤实测应变值正负情况也发生变化,由单一受压或受拉变为拉压混合的复杂状态。

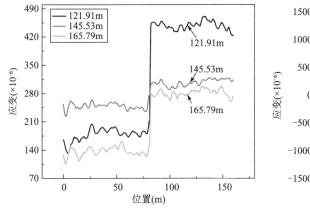
图 4-29 5～100 号管节南侧应变实测值

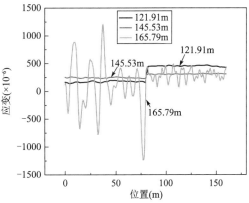
图 4-30 5～100 号管节北侧应变实测值

南侧的光纤实测值皆为受拉,说明 S 线的施工使 N 线靠南一侧的管节纵向方向发生一定的拉伸。应变值在 52 号管附近发生突变,这可能是因为在 52 号管节处,两侧的应变值是采用

两条不同光纤进行测量的,存在一定的差异,但应变的大小在允许范围之内,故顶管的施工质量达到标准。

(2) 5~100 号管节整体轴向变形、弯曲变形分析

由图 4-31、图 4-32 可知,随着 S 线施工的推进,管节整体轴向变形与弯曲变形呈增加态势,最大的应变量保持在毫米级。从测量的全部数据来看,管节的应变值大多数落在 $-600 \times 10^{-6} \sim 600 \times 10^{-6}$ 范围内,说明管节开裂控制较好。弯曲变形保持在毫米级,管节之间并没有较大的弯曲变形。

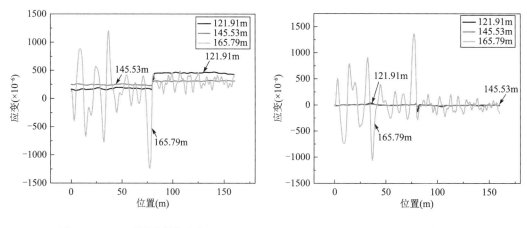

图 4-31 5~100 号管节轴向变形　　　　图 4-32 5~100 号管节弯曲变形

随着管节的编号从左到右减小来看,N 线的弯曲变形与轴向变形都呈减小趋势,这可能是因为 S 线施工距离 N 线越来越远,对 N 线整体的影响逐渐减小。

(3) 管节相对沉降分析

光纤在布设过程中会人为地进行一定预拉伸,导致光纤初始状态的布里渊频移较大,初始应变值也较大。因此以初始检测状态(2021 年 11 月 27 日,即 S 线累计顶进距离为 89.56m)下的应变作为顶管表面变形的初始量。由于纵向光纤在沿光纤布设方向的应变值非常小,因此只选取 11~16 号管节、53~58 号管节分析其在竖直方向的沉降差值。分析 11~16 号管节的相对沉降量时,以 11 号管节为基准管节;分析 53~58 号管节的相对沉降量时,以 53 号管节为基准管节。

① 11~16 号管节相对沉降分析。

由图 4-33、图 4-34 可知,随着 S 线累计顶进距离的增加,12~16 号管节相对 11 号管节的沉降量呈增加趋势,最后趋于稳定。在此过程中,N 线两侧管节相对于 11 号管节的沉降量从几乎一致到有所差异,其中南侧(即靠近新施工顶管一侧)的相对沉降量变化小于北侧。这可能是因为 S 线在累计顶进距离较小时,对 11~16 号管的影响较小,N 线南北两侧管节的相对沉降量差别不大。随着 S 线的施工,其对 N 线的影响越来越大,导致 N 线管节间的相对沉降量逐渐增大,当 S 线的累计顶进距离逐渐大于始发工作井至 11 号管节的距离时,对 N 线 11 号之后管节的影响趋于稳定。在这个过程中,由于 S 线的影响,南侧的受力情况更为复杂,导致其相对沉降值小于北侧。

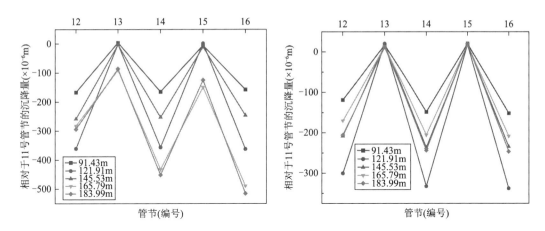

图4-33 北侧12~16号管节相对于11号管节沉降量　　图4-34 南侧12~16号管节相对于11号管节沉降量

② 53~58号管节相对沉降分析。

对于53~58号管节,54~58号管节北侧相对于53号管节向上抬升,南侧向下沉降,且北侧的变化幅度较大,规律明显,如图4-35、图4-36所示。这可能是因为南侧距S线近,受其施工影响大,管节的受力情况复杂,导致管节南侧变化复杂;对于北侧,可能因S线对南侧施工的影响,南侧向下沉降,致使北侧被抬升,进而发生向上的小幅度转动。

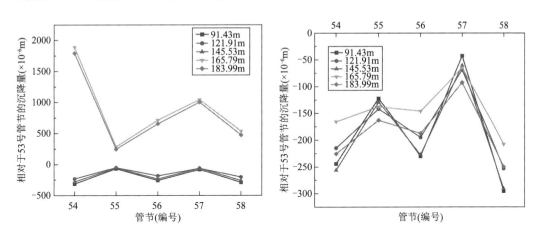

图4-35 北侧53~58号管节相对于11号管节沉降量　　图4-36 南侧53~58号管节相对于11号管节沉降量

4.3.2.3 裂缝监测分析

由图4-37~图4-42可以看出,管节之间的错台变形量并不明显,故S线施工对N线裂缝的影响很小。

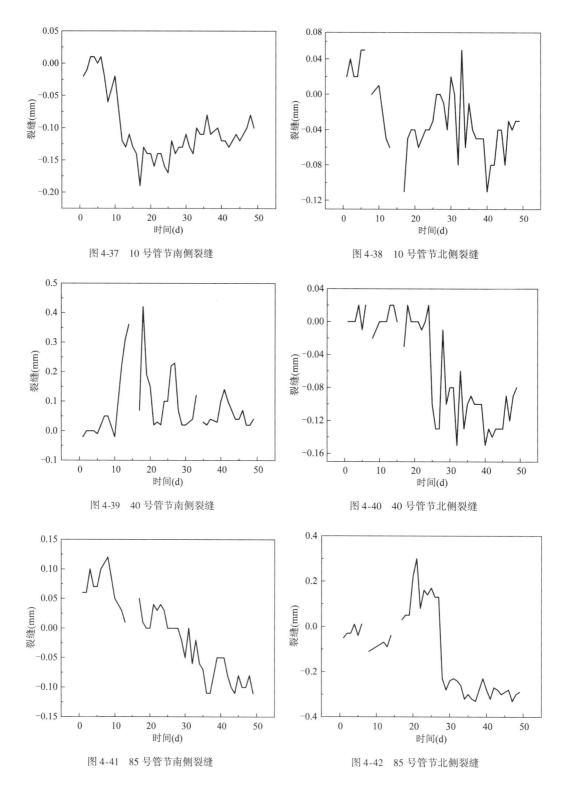

图 4-37 10 号管节南侧裂缝　　　　　图 4-38 10 号管节北侧裂缝

图 4-39 40 号管节南侧裂缝　　　　　图 4-40 40 号管节北侧裂缝

图 4-41 85 号管节南侧裂缝　　　　　图 4-42 85 号管节北侧裂缝

4.4 本章小结

针对顶管顶进施工过程中管节承受的土压力及其对结构变形的影响,通过在 N 线 10 号、40 号和 85 号管节布设钢筋应力计和土压力盒,监测分析管节顶板、管节底板和管节侧墙的内力及土压力变化规律,与此同时,通过布设分布式光纤和裂缝计监测分析管节混凝土变形特性,具体结论如下:

①通过分析钢筋应力计和土压力盒的监测结果可知,顶管顶进过程中的钢筋内力最大值主要集中分布于 200~400kN,零星达到 900~1000kN;管节顶部土压力最大值主要集中分布于 0.1~0.44MPa,零星达到 0.68~0.71MPa;管节右部土压力最大值主要集中分布于 0.1~0.21MPa,零星达到 0.5~1MPa。由此可见管节钢筋及混凝土的整体设计完全满足实际工程的需求。

②综合分析可知 10 号管节、40 号管节和 85 号管节在不同顶进里程条件下的环向应变最大值分别为 2.2×10^{-4}、-1.25×10^{-3} 和 1.3×10^{-4}(拉为正、压为负),总变形量不及原结构的千分之一,满足设计要求;北侧管节最大沉降为 0.513mm,南侧管节最大沉降为 0.345mm。由此可知管节纵向与环向的变形量,管节的拉伸、弯曲变形,横截面的变形量以及管节的相对沉降均控制在允许的范围之内,满足施工设计要求。

第5章 结论

随着城市建设的发展,传统地下管道和人行通道施工技术越来越无法满足工程建设的需求,因此非开挖技术得到了人们广泛的关注。在此背景下,矩形顶管施工技术逐步成熟。矩形断面虽然有效使用面积比较大,但是矩形截面存在应力集中,施工难度大,无法精确预测与估计其影响范围,因此,项目研究团队对复杂条件下顶管施工中管节土压力进行了研究,对于实际施工参考具有重要的意义。苏州胥涛路对接横山路隧道属于典型的浅覆土、高水压的大断面、长距离矩形顶管工程,隧道下穿京杭大运河河床的富水砂土层,施工难度大,安全风险高,给现有矩形顶管装备及其选型依据带来巨大的挑战。基于此,项目研究团队攻克诸多难题,提出了大断面越河矩形顶管施工由始发到接收全过程条件下的整套施工工艺及相关设备结构的设计改进方法,并通过对国内矩形顶管工程的调研、统计和分析,提出了基于土压平衡的矩形顶管机选型方案,同时充分考虑工程难点,对现有的矩形顶管机进行了系统改造和功能升级,研制出了新型大断面矩形顶管掘进机,为确保工程质量及工程安全奠定了坚实的技术基础。主要技术创新点见表5-1。

主要技术创新点　　　　表5-1

序号	技术创新点	内容简介
1	富水砂层土压平衡矩形顶管防喷防堵关键技术	研发了大断面土压平衡矩形顶管机螺旋出土机的防断电防喷涌装置。该新型螺旋出土机主体的一端连接有导线和蓄能池组件,主体的外表面安装有闸门组件及液压组件,当螺旋出土机主体的出土口出现喷涌或其他状况时,能够及时从闸门组件和螺旋出土机主体的连接处将喷涌物堵死,防止喷涌物从螺旋出土机主体的出口处喷出
2	大断面矩形顶管机背土效应控制关键技术	研发了一种土压平衡矩形顶管机加注触变泥浆的防背土结构。通过在顶管机前壳体上半部分设计护板和注浆孔,在顶进过程中不断向注浆孔注浆,浆液向外流出时形成的隔离层会有效阻止顶管机背土的发生
3	大断面矩形顶管机姿态控制及纠偏关键技术	通过注泥泵向预设在顶管机内左侧的注泥孔注入泥土,以修正偏转姿态;顶管机配备28台纠偏油缸,每台纠偏油缸推力为2000kN,纠偏油缸最大行程200mm,最大纠偏角度为上下±2.4°、左右±1.26°,每组纠偏油缸中安装了液压锁,以确保纠偏油缸的行程保持不变

续上表

序号	技术创新点	内容简介
4	大断面矩形顶管机开挖盲区处置及土体改良关键技术	通过设计壳体前端呈环状布置的铲齿刀与泥土仓锥型挤压板来完成盲区开挖,同时,锥板设有超前注浆管路以辅助开挖;在顶管机刀盘的主轴中心和辐条上设置注浆通道,刀盘工作时直接将土体改良浆液注入开挖面,增强土体改良效果
5	大断面矩形顶管掘进的智能化改造技术	研制了基于远程监控系统的土压平衡顶管机,系统包括传感器、控制器、电源、工业交换机和操作端;在此基础上,研制了自动注浆系统,包括注浆装置和测控装置,控制平台通过数据传输装置与压力传感器进行信号传输连接并控制注浆装置进行注浆
6	超浅埋大断面矩形顶管管节设计及预制关键技术	采用固定模具带插入式振捣器的台座法生产工艺进行管节预制生产,预制管节采用一种安装拆卸便捷高效、连接牢固、脱模方式不影响成品管节质量的管节现场预制装置,增加了管节预应力榫孔,防止施工时定位插入困难;针对插口破损和管节对接时止水条损坏等问题,将破损部位松散混凝土全部清理干净,并用水充分湿润后,采用高强砂浆按照原尺寸进行修复,修复完成后覆盖保湿养护,使其达到设计强度要求
7	大断面矩形顶管下穿京杭大运河实时可视化监测系统	管节布设钢筋应力计和土压力盒,通过无线传输模块和云端接收装置,将管节内力及外侧所受水土合力等监测数据传输到可视化平台,每分钟监测1次;在已顶进完成的先顶管中布设两个断面的环向分布式光纤和两个纵向分布式光纤,监测管节纵向与环向变形量,确保顶管管节在施工期间的拉伸和弯曲变形、横截面轮廓变形以及管节的相对沉降均控制在允许的范围之内
8	大断面矩形顶管始发及接收井洞门加固止水技术	在始发及接收洞门位置采用密插的方式布设型钢规格为700mm×300mm×13mm×24mm 的 SMW 工法桩,以增强大断面洞门的自稳性和止水性,预防涌水涌砂现象的发生;针对大断面矩形顶管始发井及接收井设计一种特制的止水套箍以加强洞门防水,采用橡胶板将第三级防水结构与前两级防水结构形成紧密联系,形成特定人字形结构;在此基础上,利用盾尾刷结构,结合带销套的翻板和厚钢板将帘布橡胶板设置在洞门内预埋钢环上,形成双重柔性防水层,达到整体防水效果
9	矩形顶管长距离顶进减阻施工关键技术	提出了管节外侧涂蜡和注入触变泥浆两种措施以实现顶管减阻,且顶管机须保持连续顶进,以保证管节外的触变泥浆不会因为长时间停滞而流失;在此基础上,研发了一种矩形顶管机外边缘的加注触变泥浆的防背土结构,以保证注浆减阻过程顺利进行
10	跨平台智能交互技术	通过 BIM 技术建立了三维场地模型、各类工序施工模型,在此基础上,采用 CIM 技术在 BIM 模型基础上进行数字化模拟分析,并将结果反馈给模型,不断优化设计;借助云计算、移动互联网、物联网、人工智能、大数据等新技术,与施工现场业务场景深度融合,建成了智慧工地集成平台,实现智慧监控、移动巡检、隐患排查、动态管理、联动监测、自动预警等管控模式

(1)管节设计和预制

①预制管节的受力计算采用结构-荷载模式,结构计算模拟运营阶段的结构受力,按照最不利组合进行抗浮、抗弯、抗剪、抗压、抗拉强度验算。计算结果表明管节抗浮安全系数等于1.408(大于1.05),符合抗浮要求。同时,预制管节在正常使用和承载能力极限状态下的弯矩、剪力和轴力均符合安全要求。

②最终确定采用固定模具带插入式振捣器的台座法生产工艺进行管节预制生产。管节生产工艺流程为模具拼装、钢筋笼安装和检查、混凝土浇筑、蒸汽养护、拆模、管节检查、管节翻身和堆放、喷淋养护和防水材料粘贴。为了避免模具组装困难和效率低的问题,同时采用一种安装拆卸便捷高效、连接牢固、脱模方式不影响成品管节质量的超大断面矩形顶管管节现场预制装置。

③胥涛路隧道顶管管节在管节配筋、箍筋等方面做了进一步优化。同时,增加了管节预应力榫孔,防止施工时定位插入困难。针对大截面管节,通过数值模拟仿真分析预应力钢绞线的有效性和合理性。根据模拟试验可以看出,采用钢绞线的矩形顶管在地下顶进过程中,最大弯矩、轴力和剪力均能符合安全要求。相对于未采用钢绞线的矩形顶管,采用钢绞线后性能有一定的提升,最大弯矩相应减小10.1%,最大轴力相应减小2.3%,最大剪力相应减少5.3%。

④项目组对预制管节施工过程中可能出现的问题进行调研,发现管节承插口破损和管节对接时止水条损坏经常在其他项目管节预制过程中出现。针对以上问题,项目组对产生问题的原因进行分析,并采取了针对性的预防措施。

(2) 复杂工况下矩形顶管装备设计及制造关键技术

①提出了大断面矩形顶管机预防背土效应关键技术,通过布设触变泥浆系统及抑制管土接触的挤压扩孔机构,抑制矩形顶管工程中的管土接触、重构上覆土体自承拱结构并缓解背土效应。

②提出了富水砂层土压平衡矩形顶管防喷防堵关键技术,通过研发新型双闸门螺旋出土机,能精准控制开挖面压力,降低开挖面失稳的技术风险。

③建立了矩形顶管智能化改造关键技术,包括研发了一套矩形顶管远程实时监控系统及一种能监测管节外减阻泥浆压力的自动测压注浆装置,实现矩形顶管工艺的智能化操作。

④动力方面,取消了高压送电模式,直接采用380V动力电输送,简化了驱动系统并提升了安全性。

⑤研发了大断面矩形顶管机姿态控制及纠偏关键技术,通过自主研制的套筒式注泥泵技术能有效地纠正矩形顶管的各种姿态偏差,包括侧翻,解决了大断面矩形顶管姿态难以控制的技术难题。

(3) 复杂工况下矩形顶管装备设计及制造关键技术

①通过理论分析验证了SMW工法桩能够有效提高大断面矩形顶管始发洞门土体稳定性,提出了在始发及接收洞门位置采用密插的方式布设型钢规格为700mm×300mm×13mm×24mm的SMW工法桩,以增强大断面洞门的自稳性和止水性,结合ϕ1000mm地下连续墙+内支撑的基础设计,有效提高了矩形顶管始发及接收过程的安全性。

②考虑到施工工作井邻近京杭大运河,针对大断面矩形顶管始发井及接收井设计了一种特制的止水套箍以加强洞门防水,通过区分始发井出洞装置和接收井进洞装置防水结构,采用橡胶板将第三级防水结构与前两级防水结构形成紧密联系,形成特定人字形结构。在此基础上,利用盾尾刷结构,结合带销套的翻板和厚钢板将帘布橡胶板设置在洞门内预埋钢环上,形成双重柔性防水层,达到整体防水效果。

③结合多种理论方法,针对浅覆土、高水压、大断面和长距离矩形顶管施工工况推导出顶力计算公式。与此同时,提出了管节外侧涂蜡和注入触变泥浆两种措施以实现顶管减阻,且顶

管机须保持连续顶进,以保证管节外的触变泥浆不会因为长时间停滞而流失。在此基础上,提出了一种矩形顶管机外边缘的加注触变泥浆的防背土结构,以保证注浆减阻过程顺利进行。

④通过在纠偏油缸尾部设置研发的测压装置实现顶管顶进过程全断面土压力的监测,并得出常规地层土压力监测值为理论值的0.8～1.8倍,并结合顶管机相关参数的监测结果分析了顶管机工作状态,提出了不同工程问题下的设备参数调控方法。

⑤针对矩形顶管侧翻问题,独创性地采用套筒式注泥泵以纠正矩形顶管偏差。通过注泥孔注入泥土并结合纠偏油缸实现顶管机快速纠正,通过分析顶管机的姿态偏差情况得到了N线和S线最大平面偏移量分别占允许偏移量的40%和35.3%,最大高程偏移量分别占允许偏移量的50%和44.13%,偏差结果均符合顶管隧道成型质量规范要求。

⑥通过数值模拟研究了顶管开挖过程中引起的地层变形情况。由于浮力和地层应力释放的影响,地层整体表现为隆起的状态,后行线对地层变形的影响相较于先行线更为显著。

⑦针对施工现场多种工序交叉作业管理难度大等问题,借助云计算、移动互联网、物联网、人工智能、大数据等新技术,与施工现场业务场景深度融合,建设智慧工地集成平台,形成智慧监控、移动巡检、隐患排查、动态管理、联动监测、自动预警等常态化、智能化、数字化安全管控模式,对项目管理进行全方位、立体化的实时监管、实时反馈,给现场管理及项目管理带来新思维、新方法,成本节约、工期缩短、质量管控迈上新的台阶。

(4) 管节承受的土压力及其结构变形的影响

①通过分析钢筋应力计和土压力盒的监测结果可知,顶管顶进过程中的钢筋内力最大值主要集中分布于200～400kN,零星达到900～1000kN;管节顶部土压力最大值主要集中分布于0.1～0.44MPa,零星达到0.68～0.71MPa;管节右部土压力最大值主要集中分布于0.1～0.21MPa,零星达到0.5～1MPa。由此可见管节钢筋及混凝土的整体设计完全满足实际工程的需求。

②综合分析可知10号管节、40号管节和85号管节在不同顶进里程条件下的环向应变最大值分别为2.2×10^{-4}、-1.25×10^{-3}和1.3×10^{-4}(拉为正、压为负),总变形量不及原结构的千分之一,满足设计要求;北侧管节最大沉降为0.513mm,南侧管节最大沉降为0.345mm。由此可知管节纵向与环向变形量,管节的拉伸、弯曲变形,横截面的变形量以及管节的相对沉降均控制在允许的范围之内,满足施工设计要求。

(5) 应用效益

①施工安全平稳。

由于下穿京杭大运河,覆土深度浅,项目与内外部专家、高校、设备厂家等各方面进行沟通,在顶管机的纠偏油缸尾部设有特殊的测压装置,它把所有纠偏油缸测得的压力通过计算机汇总、计算后,以顶管机全断面的土压力方式通过压力传感器显示在操作界面上,只要把这个压力控制在设定的范围以内就可达到土压平衡。操作顶管机时通过该测压装置,并配合土仓内土压表,能够有效控制地面沉降。

通过钢筋应力计、土压力盒和光纤等组建实时可视化监测系统,确保顶管管节在施工期间的拉伸和弯曲变形、横截面的轮廓变形以及管节的相对沉降均控制在允许的范围之内,最大限度地保证了顶管施工期间开挖面的稳定,最大幅度地控制施工沉降,最终安全、优质、高效地完成了施工任务,成功保护了世界文化遗产——京杭大运河。

②施工成本降低。

项目引进地下大断面矩形顶管进行施工,顶管横断面外尺寸 9.8m×5.9m(内尺寸 8.4m×4.5m),施工总长度 370.8m。若考虑同等通车能力,需采用直径 15m 的盾构机进行施工。经成本对比后,项目选取矩形顶管机进行施工,降低了施工成本,共计节约建设成本 12384 万元。

参 考 文 献

[1] 余剑锋.矩形顶管的发展和关键技术综述[J].广东土木与建筑,2015,22(11):51-54.
[2] 刘丽艳,李华东.土压平衡式矩形顶管顶进工法[J].经济技术协作信息,2008(11):92-97.
[3] YAMAGUCHI Y. Tunnel construction under the expressway piers by shield method [C]// Tunnels and Metropolises: Proceedings of the World Tunnel Congress'98 on Tunnels and Metropolises. São Paulo,1998:923-930.
[4] 方从启,王承德.顶管施工中的地面沉降及其估算[J].江苏理工大学学报,1998(4):106-110.
[5] 刘波,章定文,刘松玉,等.大断面顶管通道近接穿越下覆既有地铁隧道数值模拟与现场试验[J].岩石力学与工程学报,2017,36(11):2850-2860.
[6] 陈聪,郑新定,陈扬勋,等.武汉首例矩形顶管地铁出入口施工监测及数值模拟分析[J].隧道建设,2013,33(5):354-361.
[7] 郝小红,郭佳.考虑超大断面顶管施工过程的地层变形数值分析[J].华北水利水电大学学报(自然科学版),2017,38(6):66-71.
[8] 郭静,马保松,赵阳森,等.大断面矩形顶管施工对周围土体扰动实测分析[J].特种结构,2019(1):1-7.
[9] PECK R B. Deep excavations and tunneling in soft ground[C]// Proceedings of the 7th International Conference On Soil Mechanics and Foundation Engineering. Mexico,1969:225-290.
[10] ATTEWELL P B. Predicting the dynamics of ground settlement and its derivatives caused by tunnelling in soil[J]. Ground engineering,1982,15(8):13-22.
[11] 沈培良,张海波,殷宗泽.上海地区地铁隧道盾构施工地面沉降分析[J].河海大学学报(自然科学版),2003,31(5):556-559.
[12] 张鹏,李志宏.曲线顶管施工引起的地表变形预测研究[J].隧道建设,2017,37(9):1120-1125.
[13] 李辉,杨贵阳,宋战平,等.矩形顶管施工引起土体分层变形计算方法研究[J].地下空间与工程学报,2019(5):1482-1489.
[14] 银英姿,赵强,崔芳静,等.土压平衡矩形顶管施工引起的地表沉降探究[J].长江科学院院报,2019,36(1):95-101.
[15] 许有俊,张治华,史明,等.土压平衡矩形顶管正面附加推力对地表隆起变形影响研究[J].西安建筑科技大学学报:自然科学版,2019,51(6):814-824.
[16] 黄宏伟,胡昕.顶管施工力学效应的数值模拟分析[J].岩石力学与工程学报,2003,3(1):400-406.

[17] 魏纲.盾构法隧道地面沉降槽宽度系数取值的研究[J].工业建筑,2009,39(12):74-79.

[18] 薛振兴.顶管施工顶力计算与力学特性研究[D].山东:中国石油大学(华东),2010.

[19] 郭牡丹,王述红,张敏思,等.沈阳五爱隧道施工诱发地表沉降数值模拟分析[J].地下空间与工程学报,2009,5(6):1237-1240.

[20] 吴勇,徐日庆,段景川,等.浅覆土大断面小间距矩形顶管施工的环境效应[J].现代隧道技术,2017,54(5):78-85.

[21] 张治成,林思,王金昌,等.矩形管廊顶管施工对邻近管线的影响研究[J].岩土工程学报,2020(S02):244-249.

[22] 王剑锋,甄亮,张涛,等.越江钢筋混凝土顶管施工三维数值分析[J].科学技术与工程,2019,19(11):248-253.

[23] KLAR A,VORSTER T E B,SOGA K,et al. Soil-pipe interaction due to tunnelling:comparison between Winkler and elastic continuum solutions[J]. Geotechnique,2005,55(6):461-466.

[24] 雷崇红,王鑫,刘伟,等.北京地铁8号线隧道下穿地下管线风险分析[J].现代城市轨道交通,2011(S1):9-14.

[25] 胡云龙,张远荣,张征亮,等.盾构隧道施工对既有隧道及管线影响分析[J].广东土木与建筑,2012,19(10):55-57.

[26] 王洪德,崔铁军.厚硬岩层盾构隧道施工对地下管线影响分析[J].地下空间与工程学报,2013,9(2):333-338.

[27] 李志南,潘珂,王位赢.并行顶管近距离上穿既有盾构隧道的安全分析[J].地下空间与工程学报,2020(S2):939-944.

[28] 于永正.管线顶管法下穿公路桥梁安全评价与分析[J].北方交通,2021(2):25-28.

[29] 龚玉锋.顶管顶进施工过程对邻近地下管线的影响分析[J].西部探矿工程,2021,33(3):1-3.

[30] 白廷辉,尤旭东,李文勇.盾构超近距离穿越地铁运营隧道的保护技术[J].地下工程与隧道,2000(3):2-6,47.

[31] 李东海,刘军,萧岩,等.盾构隧道斜交下穿地铁车站的影响与监测研究[J].岩石力学与工程学报,2009,28(S1):3186-3192.

[32] 孙泽信,张书丰,刘宁.静力水准仪在运营期地铁隧道变形监测中的应用及分析[J].现代隧道技术,2015,52(1):203-208.

[33] 陈仁朋,孟凡衍,李忠超,等.邻近深基坑地铁隧道过大位移及保护措施[J].浙江大学学报:工学版,2016,50(5):856-863.

[34] 祝思然,黄佩格,矫伟刚,等.盾构近距离下穿既有地铁隧道沉降控制技术研究[J].隧道建设,2016,36(2):234-240.

[35] 梅文胜,陈雪丰,周小波,等.盾构下穿既有隧道实时监测及其风险控制研究[J].武汉大学学报(信息科学版),2011(8):923-927.

[36] 朱红霞.复杂地质条件下土压平衡盾构近距离下穿既有隧道的施工和监测技术[J].隧道建设,2016,36(6):748-755.

[37] 张海彦,何平,秦东平,等.新建盾构隧道垂直下穿对既有隧道的影响[J].中国铁道科

学,2013,34(2):66-70.

[38] 申文明,王小刚,姚燕明,等.顶管法在宁波轨道交通出入口的应用[J].施工技术,2020, 49(23):70-73.

[39] 李刚柱.粉砂敏感地层盾构隧道下穿既有运营铁路的设计与施工[J].建筑安全,2020, 35(4):32-35.

[40] 罗德芳,成斌.圆砾地层顶管上跨既有运营地铁施工安全风险分析及控制研究[J].中外公路,2018,38(5):163-166.

[41] 蒋平,宋晓阳,王强,等.内径4m钢筋混凝土顶管管节设计和试验研究[J].特种结构, 2019,36(1):67-71.

[42] 雷晗,陈锦剑,王建华.大直径混凝土顶管的管道受力特性分析[J].上海交通大学学报, 45(10):1493-1497.

[43] 黄文丰,秦雨春,夏才初,等.急曲率曲线钢顶管管节结构形式研究[J].地下空间与工程学报,2016,12(Z2):639-644.

[44] 徐薇娜,贾逸.粉土地层异形大断面顶管隧道防水设计研究与探讨[J].中国建筑防水, 2016(4):13-17.

[45] 郑永光,薛广记,陈金波,等.我国异形掘进机技术发展、应用及展望[J].隧道建设(中英文)[J].2018,38(6):1066-1078.

[46] 马鹏,岛田英树,马保松,等.矩形顶管关键技术研究现状及发展趋势探讨[J].隧道建设(中英文),2022,42(10):1677-1692.

[47] 周小淇,史培新,刘维,等.富水软弱地层矩形混凝土顶管施工地表沉降研究[J].北京交通大学学报,2021,45(3):69-76.

[48] 金华,马西峰,赵立锋,等.复杂工程条件下浅埋矩形大断面顶管关键技术与应用研究 [J].铁道标准设计,2016,60(11):90-95.

[49] 唐培文.大断面矩形顶管减阻技术应用研究:以苏州综合管廊矩形顶管为例[J].地质科技通报,2020,39(2):198-203.

[50] 杨红军,荣亮,徐虎城.超大断面矩形顶管减阻技术在郑州市下穿中州大道隧道工程中的应用[J].隧道建设,2016,36(4):458-464.

[51] 彭立敏,王哲,叶艺超.矩形顶管技术发展与研究现状[J].隧道建设,2015,35(1):1-8.

[52] 熊翦.矩形顶管关键受力分析[D].北京:中国地质大学(北京),2013.

[53] 吕建中,杨磊.土压平衡式矩形顶管顶进工法[J].施工技术,2002(9):43-45.

[54] 刘龙卫,薛发亭,刘常利.三车道超大断面矩形顶管工程——嘉兴市下穿南湖大道隧道 [J].隧道建设(中英文),2021,41(9):1612-1625.

[55] 贾连辉.矩形顶管在城市地下空间开发中的应用及前景[J].隧道建设,2016,36(10): 1269-1276.

[56] 李建斌.异形掘进机设计制造的关键技术研究及工程应用[J].Engineering,2017,3(6): 267-286.

[57] 李明宇,王松,张维熙.大断面矩形顶管隧道施工引起的地面沉降分析[J].铁道建筑, 2019,59(5):81-84.

[58] 张中杰,黄爱军,王春凯.类矩形顶管法建设软土地区地铁车站的方案研究[J].现代隧道技术,2018,55(S2):397-403.

[59] 范磊,蒋鹏鹏,薛广记.分体组合式矩形顶管机关键技术探究——结合中铁装备地下停车场项目[J].隧道建设(中英文),2019,39(3):504-510.

[60] 周浩,马保松,赵阳森.多因素下大断面矩形顶管施工对地层竖向变形影响研究[J].隧道建设(中英文),2020,40(9):1324-1332.

[61] 薛青松.苏州城北路大断面矩形顶管顶力计算与实测分析[J].隧道建设(中英文),2020,40(12):1717-1724.

[62] 李达,孔恒,郭飞.土压平衡矩形顶管施工引起的地表沉降规律研究[J].中国安全生产科学技术,2018,14(10):144-150.

[63] 许有俊,张治华,史明.土压平衡矩形顶管正面附加推力对地表隆起变形影响研究[J].西安建筑科技大学学报(自然科学版),2019,51(6):814-824.

[64] CHEN R P,TANG L J,YIN X S,et al. An improved 3D wedge-prism model for the face stability analysis of the shield tunnel in cohesionless soils[J]. Acta Geotechnica,2015,10(5):683-692.

[65] 袁心,马保松,赵阳森,等.矩形顶管施工中管周压力的实测与分析[J].地下空间与工程学报,2021,17(4):1225-1233.

[66] REILLY C C,ORR T L L. Physical modelling of the effect of lubricants in pipe jacking[J]. Tunnelling and Underground Space Technology,2017,63:44-53.

[67] 周浩,周千森,谈力昕,等.考虑注浆作用的矩形顶管竖向土压力计算模型[J].地质科技通报,2021,40(2):125-130.

[68] TERZAGHI K. Theoretical Soil Mechanics[M]. New York:John Wiley & Sons Inc,1943.

[69] MA P,SHIMADA H,SASAOKA T,et al. A new method for predicting the friction resistance in rectangular pipe-jacking[J]. Tunnelling and Underground Space Technology,2022,123:104338.